A maffia nò

Léo Battesti

A maffia nò

Arthaud

82, rue Saint-Lazare
CS 10124
75009 Paris

ISBN : 978-2-0802-9729-7

À Marie-France Giovannangeli

1

Le temps de réagir

Le déclic

Depuis mon enfance, c'est mon bassin olympique : un plan d'eau d'une cinquantaine de mètres dans un écrin luxuriant, sur le flanc d'une chaîne montagneuse parsemée de châtaigniers, de chênes et de pins. En surplomb de cet éden, Venaco, mon village. En cette belle matinée d'été, quand la lumière est encore douce, la chaleur épargne les rives du Vecchio. Quelques centaines de mètres plus bas, l'affluent rejoint le Tavignano pour renforcer ce long fleuve qui nous accompagne jusqu'à Aléria.

Nous nous sommes toujours évertués à préserver ces espaces idylliques d'une trop forte fréquentation. Pour dire les choses, éviter qu'il n'y ait trop de touristes, y compris insulaires. D'emblée, je me dois d'être franc avec des visiteurs potentiels qui sillonneraient cet ouvrage avant nos rives. Vous me pardonnerez, j'en suis certain, de ne pas géolocaliser mon paradis…

La sonnerie de mon portable vient troubler la sérénité du lieu. Au nom affiché, je pressens que ma journée sera contrastée. C'est Jean-André

Miniconi, un ami ajaccien. Il a été victime, la veille, le 29 juillet 2019, d'un attentat contre sa concession moto. Un rassemblement de soutien est organisé, à Ajaccio, en fin d'après-midi. « Léo, je souhaiterais que tu prennes la parole… » Pas question de me défiler. D'autant que, pour moi, c'est un honneur, lui dis-je. Avec Jean-André, nous nous connaissons depuis de longues années. Nous partageons des convictions sur la situation de notre territoire et aussi des inquiétudes sur l'emprise mafieuse qui alourdit de plus en plus l'atmosphère insulaire et face à laquelle les autorités administratives et judiciaires semblent impuissantes ou irresponsables.

Jean-André Miniconi est l'un de ces entrepreneurs engagés pour le développement économique de l'île. De 2015 à 2017, il a présidé la chambre de commerce et d'industrie de Corse-du-Sud en essayant de redonner à cette institution une crédibilité qui lui manquait, renouvelant les équipes et assainissant les comptes. Un toilettage indispensable tant cette chambre, au centre de bien des convoitises, avait été mise à mal des années durant et de façon tragique. Deux de ses anciens présidents coupables de trafics et de malversations – Gilbert Casanova (1994-2000) et Raymond Ceccaldi (2000-2007) – ont été condamnés et emprisonnés et un troisième, Jacques Nacer (2007-2012), a été assassiné dans la soirée du 14 novembre 2012 en plein cœur d'Ajaccio alors qu'il fermait sa boutique. Excusez du peu…

Trois ans après ce drame, Jean-André s'était lancé à son tour dans l'aventure consulaire qui, chez nous, n'est donc jamais une sinécure[1]. À l'été 2019, il venait d'annoncer sa candidature aux élections municipales de mars 2020 à Ajaccio. Deux années auparavant, en 2017, lui et son équipe avaient dû abandonner la présidence de la CCI, victimes de pressions et de menaces exercées par des hommes que la justice ne parviendra pas à identifier, faute de témoignages. Jean-André déplorera une absence de soutien politique qui ne lui avait pas permis de faire face.

Cette fois, la coupe est pleine. Les conséquences de son appel téléphonique dépasseront ma seule personne. Ce soir du 30 juillet 2019, j'interviens spontanément en corse devant une foule attentive de laquelle ressort une envie d'agir. Je m'en remets à l'expérience et à l'instinct, me laissant guider par l'ambiance et les réactions de l'assistance. Une émotion puissante flotte dans l'air. Je perçois la colère qui gagne l'auditoire lorsque je souligne l'écœurement d'avoir lutté tant d'années pour un devenir plus vertueux et de constater, aujourd'hui, l'effondrement éthique,

---

1. Encore aujourd'hui, il paie cher cet engagement. Début décembre 2022, un nouvel attentat a visé sa concession automobile, occasionnant d'importants dégâts.

conséquence des assassinats, des rackets et des destructions. Alors que mes paroles grondent, je croise des regards indignés par ce climat délétère. Je dis haut et fort ce qui est le plus souvent marmonné, fustigeant les convoitises mafieuses et le cynisme de ces prédateurs. Ces propos font de l'effet. Je le ressens. De nombreux participants me le témoignent dès mon intervention terminée. Tous me déclarent, peu ou prou, la même chose : « Il était temps que ces choses-là soient formulées. » Dans la soirée, en remontant vers Venaco, seul au volant sur cette route sinueuse qui relie Ajaccio à Bastia par le col de Vizzavona, un sentiment m'anime : quelque chose vient de se produire. Mon intuition ne me trompe pas.

Après l'assassinat, le 12 septembre 2019, du militant nationaliste Massimu Susini, Vincent Carlotti me propose de cosigner une tribune sur la dérive mafieuse. Vincent est un cousin avec lequel nous avons l'habitude d'échanger sur ces sujets. En matière de courage face à la criminalité organisée dans l'île, l'ancien maire socialiste d'Aléria, et proche de Michel Rocard, est un précurseur. Un lanceur d'alerte. Dès le début des années 1980, alors que les hordes de voyous déployaient leurs tentacules en cherchant à imposer leur loi malfaisante sur les acteurs économiques et politiques, Vincent Carlotti avait sonné l'alarme. Élu au conseil général de Haute-Corse, il avait en 1986 demandé et obtenu la tenue d'un débat sur l'émergence de la Brise de mer, bande dont le but était de mettre en coupe réglée le département. Beaucoup de ses collègues avaient traîné des pieds, et pour cause, ils étaient déjà sous influence.

Je lui suggère, encouragé par l'expérience de mon discours ajaccien, d'aller plus loin qu'une simple intervention ponctuelle avec la constitution d'un collectif, car il ne suffira pas de s'indigner une fois, mais d'agir, sur le long terme, en lanceurs d'alerte, pour briser le silence, soulager les victimes et proposer des solutions.

Le 29 septembre 2019, à Ajaccio, pour la première fois dans l'histoire pourtant très ensanglantée de la Corse, des citoyens prennent la parole pour rejeter la mafia et inviter au respect de la vie : Maffia Nò A Vita Iè est née.

Nous avions sollicité une trentaine de personnalités pour marquer les esprits, dont le prix Goncourt 2012 Jérôme Ferrari et le leader du célèbre groupe I Muvrini, Jean-François Bernardini, ainsi que des chefs d'entreprise, des artistes, des universitaires, tous appréciés pour leurs réalisations concrètes et leur éthique.

L'appel s'adresse, en premier lieu, aux citoyens pour « isoler culturellement ceux qui, par leurs méthodes barbares, détruisent impitoyablement les formidables potentiels de notre territoire ». La prise de parole est un préalable, car « il est temps de le dire haut et fort sans se réfugier dans l'ambiguïté ou le déni. Continuer de se taire n'est pas responsable». Nous exhortons ensuite les élus à abandonner leur politique de l'autruche en soulignant une évidence : « Comment évoquer un réel développement économique alors que les menaces, les pressions, les extorsions de fonds s'exercent, de manière désormais systémique, sur ceux qui entreprennent, dès lors qu'ils contrarient certains prédateurs ? »

Le dernier message est destiné à l'État pour qu'il assume effectivement ses prérogatives régaliennes. Nous proposons de renforcer les contrôles et d'inclure dans le Code pénal « le délit d'association mafieuse » et d'étudier les dispositions qui lui apparaîtront les plus efficaces pour mettre les jurés et leurs familles à l'abri des pressions dans les procès de mafieux.

L'ambiance est lourde et solennelle au cours de la conférence de presse. Les nombreux journalistes présents réalisent que cette initiative va modifier profondément le cours de l'histoire insulaire. Cinq mille personnes adhéreront, ouvertement, au texte fondateur. Un chiffre considérable pour une population inférieure à celle de Nice.

Plus rien ne sera jamais comme avant. D'autant que le 5 octobre 2019 est créé, à Cargèse, le collectif Massimu Susini. Les gens du village, les amis, des militants et la famille de Massimu réagissent. Son oncle, Jean-Toussaint Plasenzotti, professeur de corse et ancien cadre nationaliste, dénonce publiquement un environnement mafieux qui pèse sur la cité bâtie par les Grecs. « Depuis deux ans, on savait que mon neveu était en danger », assure-t-il dans les médias. Jean-Toussaint souligne qu'une bande de voyous, qui avait débuté dans la vente de drogue, cherchait à se faire une place dans la région en rackettant les commerçants et que Massimu Susini tentait de s'y opposer. Sa mort a provoqué un vif émoi et une réaction salutaire.

La Corse est ainsi exemplaire avec les deux seules associations citoyennes antimafia existantes en France. Pourtant, des bandes organisées contrôlent tant d'autres territoires, et pas uniquement en banlieue parisienne ou à Marseille…

Un mal ronge la Corse. Il est identifié et porte un nom : la mafia. Certains – des responsables politiques et des magistrats – refusent de désigner de la sorte ce poison injecté dans nos vies. Le débat sémantique est pourtant d'importance, car dénommer un fléau permet de mieux l'affronter. L'impact des collectifs en la matière s'est révélé considérable malgré, à ce moment-là, de pathétiques entêtements à minimiser la situation, qu'il s'agisse de partis ou même de la section locale de la Ligue des droits de l'homme. Depuis, les lignes ont bougé et un large consensus s'est dessiné autour du concept de « dérive mafieuse ». De toute façon, quel que soit le substantif qu'on lui donne, le crime organisé s'est bien insinué au sein de notre société et pèse de tout son poids sur nos existences. Intimidation et corruption sont les méthodes de ces hommes sans foi ni loi qui pourrissent notre île et sèment la terreur.

La police et la justice ont répertorié ces acteurs et ils en ont même dressé une sorte de Bottin. En mars 2022, dans un document interne, le Service d'information, de renseignement et d'analyse stratégique sur la criminalité organisée (SIRASCO) a brossé le catalogue des vingt-cinq bandes qui tentent d'imposer leur emprise dans toutes les régions de l'île. Elles sont réparties en autant de bastions locaux sur lesquels elles exercent un contrôle en multipliant les menaces et en recourant souvent à la coercition. Cette balkanisation est dans la nature même d'un système mafieux. Contrairement au cliché hollywoodien d'une structuration pyramidale, les mafias sont des pouvoirs territoriaux adaptés aux spécificités culturelles et géographiques pour mieux asservir. Des synergies peuvent s'opérer, notamment pour le trafic international de la drogue. L'analyse du SIRASCO souligne qu'une bande peut tuer pour une autre afin de brouiller les pistes. Mais l'esprit de clan familial ou régional l'emporte toujours, en particulier pour éliminer d'anciens alliés. Si des acteurs ont compris, avant tant d'autres, les évolutions vers la régionalisation du pouvoir, ce sont bien les mafieux.

Aujourd'hui, la Corse pourrait devenir un laboratoire pilote dans la lutte contre l'emprise mafieuse. L'intervention citoyenne est en cours ; or c'est la condition *sine qua non* pour espérer traiter ce cancer en voie de généralisation. Jacques Santoni, le chef présumé d'une des équipes mafieuses les plus actives dans la région ajaccienne, la bande du Petit Bar qui tue et rackette depuis plus de vingt ans pour mettre Ajaccio sous sa coupe, ne s'y est pas trompé. Après que la police a procédé à des interpellations parmi des membres de ce gang en septembre 2020, il explique à l'un de ses complices dans une écoute téléphonique révélée par *Le Monde* : « S'il n'y avait pas eu de collectifs, les policiers ne seraient jamais venus nous chercher. Ils sont obligés de répondre à l'opinion, quand on crie toute la journée "la mafia, la mafia, il faut saisir leurs biens comme en Italie, il faut faire des lois". » Saluons sa clairvoyance !

L'insoutenable impunité

J'ai côtoyé et j'ai même pour amis d'enfance des voyous de haut vol. *A priori*, peu de choses nous différenciaient. Nous avons grandi parfois dans la même ville, avons souvent fréquenté les mêmes écoles et avons eu les mêmes instituteurs en primaire, puis les mêmes professeurs au collège qui nous ont enseigné les mêmes règles civiques de savoir-vivre et de respect. Nous n'étions ni plus riches, ni plus pauvres les uns que les autres d'ailleurs. Bref, nous avons nagé dans les mêmes rivières.

Je me rappelle que, lors de mes études à Nice, l'un de ces amis d'enfance m'avait proposé le pillage d'une villa pour se faire « de l'argent de poche ». J'ai eu honte pour lui. Mon regard est généralement expressif : il s'est instantanément excusé. J'ai quand même pris mes distances. Comme je les prendrai avec l'un de mes meilleurs camarades. Nous nous étions perdus de vue depuis plusieurs années, et pour cause, il passait le plus clair de son temps en prison, usuellement pour des braquages. Un jour, il vient me rendre visite dans mon atelier de photogravure et d'impression à Bastia. Je le croyais retiré des affaires ; or il n'envisageait qu'une évolution de carrière en me proposant d'imprimer de faux billets ! Cette fois-ci, je ne me suis pas contenté d'un regard. Qu'il ose seulement me faire cette proposition m'avait stupéfié, et je l'ai exprimé avec force. Je n'ai toujours pas compris sa démarche, d'ailleurs. Grondé, il m'a souri ; mon ami braqueur était si… désarmant.

On dit de l'occasion qu'elle fait le larron : combien de propositions de ce genre ont pu être acceptées dans une île aux interactions sociales si puissantes ? Tous ces hors-la-loi auraient-ils existé s'ils avaient été natifs de la Creuse ou du Poitou ? Plongés dans les traditionnels récits de bandits qui ne furent jamais d'honneur, conditionnés par une terre de vendetta dans laquelle l'arme est trop souvent vénérée, ces délinquants ont quelques – très relatives – circonstances atténuantes. D'autant que la lutte armée, prônée par les organisations clandestines insulaires, dont j'ai été l'un des dirigeants, n'a guère remis en cause ce substrat culturel propice aux dérives individuelles.

Difficile, aussi, d'ignorer le nombre significatif de « fils de » agissant avec férocité dans le monde du crime. Ceux de mafieux exécutés qui entrent en vendetta. Mais aussi ceux d'anciens membres du Front de libération nationale corse (FLNC) considérant, sans doute, que leurs proches avaient été les dindons de la farce. Des malfrats se gavaient tandis que leurs pères s'étaient enlisés dans une guerre intestine sanglante. Alors, tant qu'à faire… Leur frustration sera, en tout cas, un prétexte pour franchir le Rubicon qui devrait séparer voyous et militants. Dorénavant, ces jeunes exécutent, mais pour leur cause personnelle. Quel gâchis humain mêlant victimes et bourreaux ! Que de familles brisées à jamais !

Et que de dégâts pour une société insulaire déjà si permissive. En Corse, on tue trois fois plus qu'ailleurs ! Depuis 1987, on relève trois cent cinquante-huit homicides ou tentatives, soit douze pour cent mille habitants contre quatre pour l'Hexagone. Un taux supérieur à celui de la Sicile. Les assassinats, en particulier ceux de notables, sont presque toujours impunis.

Qui a tué Jacques Nacer, le président de la CCI de Corse-du-Sud un soir de novembre 2012 ? On ne le saura pas. Non-lieu. Affaire classée. Ainsi en a décidé la justice au printemps 2022 au prétexte qu'il n'y avait rien de probant dans ce dossier après à peine dix ans d'une supposée enquête alors que la prescription, en l'espèce, est de trente !

Qui a tué Jean Leccia, le directeur des services au conseil général de Haute-Corse ? Trois juges se sont succédé pour instruire ce meurtre commis un soir d'élection municipale en mars 2014. Comme souvent sur cette île, gendarmes et policiers se sont opposés. Chacun leur piste mais aucune n'a, à ce jour, permis l'arrestation des assassins.

Qui a tué Dominique Domarchi, une nuit de scrutin cantonal en mars 2011 ? « Dumè » Domarchi était le bras droit de Paul Giacobbi, ancien président du conseil général de Haute-Corse et de l'exécutif insulaire. Il était l'homme des besognes, toutes les besognes. Un responsable craint, à la réputation solide. Il connaissait tous les villages de Haute-Corse, les élus, distribuait des prébendes aux uns, rendait des services à d'autres, dans le but d'assurer les succès électoraux du clan Giacobbi. Pour l'heure, ce crime reste toujours non élucidé.

On pourrait allonger la liste de ces *cold cases* qui encombrent les armoires de la justice. Toutes ces affaires et bien d'autres participent de cette dérive que nous dénonçons. Cette impunité et les non-dits qui les accompagnent ne font qu'accroître les sentiments de défiance et d'abandon, d'autant que lorsque des dossiers de mafieux parviennent, par miracle, jusqu'aux assises, l'acquittement est garanti : peu de jurés résistent à la menace.

Les véritables chefs d'une mafia que l'on peut désormais qualifier de 2.0 sont des cols blancs. Ils s'avèrent inatteignables en l'absence d'un délit mafieux inscrit dans la loi, pourtant efficace en Italie, qui faciliterait l'inculpation de donneurs d'ordre. Mais l'État, si imprégné de sa toute-puissance régalienne, ne tolère pas le blasphème. Il ne saurait y avoir de criminalité systémique. La mafia, c'est ailleurs, là où la corruption et la porosité sont possibles, pas dans la patrie des droits de l'homme et l'un des plus anciens États au monde…

L'impunité est aussi le résultat de vices de forme. Des armées de juristes compétents et motivés exploitent – c'est leur gagne-pain – toutes les défaillances de magistrats souvent inexpérimentés et moins motivés. Dépassés par les codes insulaires où rien n'est jamais à prendre au premier degré, beaucoup sont hors-sol. Ils accumulent des erreurs de procédure presque aussi récurrentes que celles des gendarmes ou des policiers. Les parquets ronronnent le plus souvent, sauf lorsque de rares pointures les réveillent. Si vous voulez connaître leurs noms et leurs ressentis, je vous conseille la lecture, édifiante, de *Juges en Corse*[1] de Jean-Michel Verne. Les préfets sont forcément aux ordres, tributaires des circonstances et des rapports de force. Des hauts fonctionnaires et des gradés sont tétanisés. La plupart envisagent, en priorité, leurs plans de carrière, évitant de s'aventurer dans des dossiers épineux. Parfois menacés, ils ont peur – surtout ceux qui sont chargés du contrôle, en particulier au niveau fiscal.

1. Robert Laffont, 2019.

Une trop longue durée d'affectation incite à des adaptations, comme pour toutes les espèces vivantes. Dans cette évolution, la saisie de l'article 40 du Code pénal – qui impose le signalement de manière impérative de l'agent public sur les faits constitutifs d'un crime ou d'un délit – n'est quasiment jamais utilisée. Aucune alerte Tracfin (Traitement du renseignement et action contre les circuits financiers clandestins) non plus, depuis un territoire où les corps intermédiaires sont sous haute pression. Ou complaisants.

L'île est ainsi le théâtre d'un pathétique bêtisier judiciaire.

Comment voudriez-vous, dès lors, que les collectifs antimafia n'aient pas du pain sur la planche alors que, pourtant, leur finalité serait de ne plus exister ? Il était grand temps de s'extirper de ce cycle morbide. Leur création a créé un choc. Étant l'une des figures les plus médiatisées de cette réaction citoyenne, je peux témoigner du fort soutien populaire. Pas une journée ne s'écoule sans entendre des paroles d'encouragement.

Je ressens, parfois, de la contrariété. L'immense majorité des Corses subissent les effets collatéraux de la pression mafieuse. Tous connaissent un assassin ou un assassiné, un emprisonné ou une victime. Comme cette personne qui m'avait téléphoné : elle avait soutenu publiquement l'appel de notre collectif, mais venait d'apprendre que l'un de ses proches était accusé de racket. Elle m'a alors demandé d'effacer son nom de la liste de soutiens publiée sur le site Maffia Nò, car elle souhaitait « désormais rester neutre ». Toute la difficulté de notre tâche est illustrée par cette simple phrase.

Fort heureusement, nous sommes une terre avec de belles réalisations dans tous les secteurs et un formidable tissu associatif – en butte, hélas, de façon concrète, à l'omniprésence de la voyoucratie. Déchets, urbanisme, environnement, tourisme, agriculture subissent les mêmes logiques prédatrices. La prise de parole antimafia est, ainsi, en totale synergie avec d'héroïques combattants de la société civile qui suppléent les carences régaliennes de l'État. Maisons, voitures et bateaux sont plastiqués, les menaces permanentes, mais ces militants tiennent bon. Nous savons que, pour certains, les choses sont encore plus graves, avec des enlèvements ou des « visites nocturnes ». Je tenais à rendre hommage aux bénévoles de ABCDE[1] et U Levante[2], associations agréées de protection de l'environnement, pour avoir su résister et agir. Plus de quarante plans d'occupation des sols (actuels plans locaux d'urbanisme)

1. Association bonifacienne Comprendre et défendre l'environnement.

2. Association de protection de l'environnement créée en 1986.

ont été annulés devant les tribunaux. Comment ceux, maires et préfets, qui sont censés contrôler la légalité, ont-ils pu être aussi défaillants si ce n'est par une collusion objective afin de ne pas faire de vagues ou par fatalisme ?

Assumer une lutte contre les mafieux est une forme de sacrifice. De nombreux tags « Battesti, la valise ou le cercueil » ont été réalisés à Ajaccio, le lendemain même de notre mise en cause de l'influence du Petit Bar dans la direction du quotidien *Corse Matin* en septembre 1990. Il y eut jusqu'à des « Battesti indique » (*sic*) qui en disent long sur le niveau de formation de ces tagueurs. À moins qu'ils n'aient souhaité que je leur... indique la direction à suivre. Auquel cas, j'espère qu'ils liront cet ouvrage...

Dès l'instant où j'ai cofondé une association antimafia, les attaques personnelles ont fusé. Mais j'ai de la bouteille, endurci par des années d'un militantisme radical qui ne m'a pas fait que des amis. Toutefois, en assénant des coups – et j'en ai donné – on s'attend à en recevoir, et j'ai été servi. Mais ces épreuves sont plus traumatisantes lorsque l'on se bat pour apaiser la société. En particulier quand on espère sauver ces jeunes qui, emportés par le flot des rivalités mafieuses sur fond de trafic de drogue, finissent le plus souvent dans un caniveau. Ceux-là aussi nous préoccupent.

J'ai donc souffert lorsqu'une lettre anonyme diffamatoire a été expédiée à toutes les rédactions de l'île en octobre 2019, peu de semaines après la création de notre collectif. L'objectif était, hélas, banal. Il visait à me discréditer en m'accusant de détournement de fonds dans ma gestion de la Ligue corse d'échecs, dont j'étais le président. Comment avoir confiance en une personne prétendant lutter contre un système et qui agirait de la sorte ? Et quoi que vous fassiez, vous ne pourrez jamais convaincre ceux qui vont s'agripper à la rumeur pour se donner bonne conscience et camoufler leurs turpitudes. Vous-mêmes, en lisant ce récit, vous devez forcément vous interroger : tout n'est-il que mensonges dans ces attaques personnelles ? Eh bien, oui ! J'ai, comme chacun d'entre nous, pas mal de défauts, mais je suis du genre, si j'étais un policier municipal, à mettre un PV à mon propre véhicule mal stationné. Je n'ai aucun mérite, je suis fait ainsi. Cela m'a toujours protégé. Ni fortuné ni miséreux, je vis heureux. Mais si vous persistez à douter, sachez que l'enquête préalable m'a totalement innocenté. L'un des inspecteurs m'a confié avoir eu honte de perdre de la sorte son temps et a souligné qu'il faudrait plutôt me remettre une médaille pour l'exemplarité de ma gestion et les résultats de mon association ! J'aurais dû lui préciser que c'était déjà fait, puisque j'ai la médaille d'or de la jeunesse, des sports et de l'engagement associatif.

Si j'ai de la peine, c'est surtout pour les miens. Je sais que mon épouse, Nicole, et mes enfants, Saveriu et Marc'Andria, ne liront probablement pas cet ouvrage. Ils ont suffisamment subi les conséquences de mon combat politique. Alors, ne leur répétez pas que je m'en veux d'avoir sacrifié ma famille à une cause que j'estimais noble et prioritaire. Par pudeur, je ne m'étendrai pas sur le trauma engendré et qui persiste. Mais si c'était à refaire, je ne le referais pas. C'est écrit et assumé.

J'en ai terminé avec cet épisode de ma vie et je m'en réjouis. Je suis plus à l'aise dans le combat actuel, même si, oui, il comporte son lot de dangers. Nous n'avons rien à y gagner, ni médailles, ni fauteuils, ni richesse. C'est sans doute pour cela qu'il porte déjà ses fruits tant il s'oppose à l'hypocrisie ambiante.

Il convient, néanmoins, de botter en touche lorsque l'on nous interpelle sur les risques encourus. Que répondre à des gens qui, par cette interrogation, trahissent leurs propres angoisses ? S'il fallait répliquer, nous dirions : « Oui, c'est vrai, nous prenons des risques, nous en avons conscience. Mais vous pourriez en faire tout autant en militant contre la mafia avec nous, ça nous renforcerait. » Les conséquences seraient contre-productives. Humiliés, ils se réfugieraient dans la plus protectrice des réactions : le déni.

J'en connais un rayon à ce sujet, l'ayant lâchement utilisé durant deux décennies pour enfouir la question de la peine de mort dans mon combat clandestin.

Si l'on tient à convaincre, c'est dans le respect de l'autre pour qu'il ne sous-estime pas les dangers, pour lui-même et les siens, de la domination mafieuse. La pédagogie est donc indispensable. Il faut, en tout cas, ne jamais mépriser, même si ce n'est pas évident. Toute solide conviction incite à être péremptoire, à flageller ceux qui nient les évidences, à s'irriter de ce que nous considérons être de la mauvaise foi. J'ai aussi été un expert en la matière, en plaidant si souvent la légitimité de la violence politique et en fustigeant les collabos du colonialisme !

Pour éviter tous ces écueils, notre association puise sa force dans l'intelligence collective d'une coordination regroupant une vingtaine de responsables de sensibilités diverses. Plusieurs fois par mois, nous échangeons des renseignements émanant d'un large réseau de sympathisants, pour soupeser nos décisions. Cela nous a permis d'éviter d'être sous influence ou victimes d'informations fragmentaires. Nous n'avons pas vocation à traiter de toutes les injustices, nous nous focalisons sur celles d'essence mafieuse. C'est une lourde responsabilité. En prenant position, nous conférons un caractère mafieux à une affaire, et cela change les perspectives. Mais nous n'opérons aucun tri entre les assassinés. Quels qu'ils soient, nous appelons à extirper cette culture de la mort, nul n'ayant le droit de s'ériger en bourreau. Chaque fois qu'un meurtre a lieu, nous sommes, le plus souvent, les seuls à réagir. C'est une nouveauté qui pèse désormais. Si les choses ne sont pas dites, le silence est une autre forme d'exécution de la victime.

Suis-je devenu sage ? On associe généralement cette qualité à l'âge et à l'expérience. Le conservatisme irait avec. Pourtant, je pense n'avoir jamais été aussi jeune (dans ma perception...), créatif et, j'oserai dire – en prenant des pincettes – révolutionnaire. J'ai failli écrire réformiste, car cela correspondrait mieux à une modération tactique, fondée sur la non-violence, que j'assume aujourd'hui. Toutefois, défendre la vie par le rejet d'une fin justifiant les moyens constitue la plus radicale des approches. Un cap à suivre.

Ce qui est frustrant avec l'histoire du combat insulaire, c'est qu'il s'était doté d'une stratégie, dite d'autodétermination, qui aurait pu aller en ce sens. Je mets au défi de trouver un seul texte du FLNC, de 1981 à la scission de 1991, préconisant l'indépendance voire l'autonomie. Nous exhortions à soutenir une lutte fondée sur la création de contre-pouvoirs afin que des « citoyens assujettis au clanisme courroie du colonialisme » s'affranchissent par une responsabilisation individuelle. Nous affirmions que la façon de s'investir était essentielle à une authentique émancipation. La participation aux élections, acceptée du bout des lèvres en 1984, était donc relativisée, envisagée comme le simple moyen d'une prise de pouvoir plus globale. C'est ainsi qu'ont été conçues de nombreuses structures, dont le STC (Sindicatu di i travagliatori corsi[1]), depuis longtemps la première force syndicale de l'île.

La stratégie dite de « lutte de libération nationale » était fondée sur le triptyque : lutte de masse, lutte institutionnelle, mais aussi et surtout lutte armée. Et ce fut bien la plus tragique des contradictions, d'autant que le Front était considéré comme la direction politique de ce dispositif. En d'autres termes, nous incitions à un investissement citoyen, mais dans la soumission politique à des hommes en cagoule agissant dans une opacité totale. Une sorte de clan armé serait, paradoxalement, le garant des libertés individuelles. Au moins, nous n'étions pas hypocrites ! Cette incongruité a tout de même duré une bonne dizaine d'années, sans scission ou remise en cause officielle, même si nous étions nombreux à envisager qu'elle ne serait pas éternelle.

La mobilisation pour la vie n'a que quelques années d'existence. Mais, déjà, toutes les lignes ont bougé, jusqu'à amener les conseillers territoriaux à suivre, le 18 novembre 2022, une thérapie

1. Syndicat des travailleurs corses.

de groupe à l'occasion d'une session spéciale de l'Assemblée de Corse sur la dérive mafieuse. Une première pour une institution en France. Désormais, lorsqu'un ministre de l'Intérieur ou un garde des Sceaux débarque en Corse, ils sont assaillis de questions sur l'emprise mafieuse. Les médias insulaires, d'abord frileux, traitent dorénavant le dossier avec plus de profondeur. Et puis, il y a ces écrivains et journalistes courageux dont les ouvrages, étayés par des comptes rendus d'enquêtes et la publication d'écoutes téléphoniques légales ont détaillé un système que je m'efforcerai, à mon tour, d'aborder. Non seulement comme acteur de l'actuelle mobilisation contre la mafia, mais, aussi, en tant que témoin…

2

La mafia pose sa main sur l'île

La Brise de mer

Juin 1984. Marseille, prison des Baumettes. Je suis privé de liberté depuis quelques jours pour « apologie de crime ». Un délit qui date du gouvernement de Vichy aux heures sombres de l'occupation allemande et qui, depuis la fin de la guerre, n'avait jamais motivé la moindre incarcération. Une magistrature sous forte influence politique a exhumé cet article du Code pénal. Quelques jours auparavant, le 7 juin 1984, j'avais osé dire qu'il « fallait être courageux » pour s'associer à l'action d'un commando du FLNC qui avait exécuté, dans leur cellule de la maison d'arrêt d'Ajaccio, deux voyous, Jean-Marc Leccia et Salvatore Contini, lesquels avaient participé à l'assassinat du militant nationaliste Guy Orsoni. Une vengeance.

Il est 19 h 30. À cette heure-ci, en prison, on a déjà soupé, les cellules sont fermées et, longues soirées estivales ou pas, on essaie de s'endormir. Malgré le vacarme incessant de détenus qui vocifèrent aux fenêtres et les cris stridents des mouettes, je commence à m'assoupir quand un bruit de clés dans la serrure me sort de ma somnolence. Je sursaute, redoutant une mauvaise nouvelle qui justifierait cette intrusion tardive. Trois fondateurs de la Brise de mer me font face : Pierre-Marie Santucci, Georges Seatelli et Robert Moracchini. Lorsque trois des plus grands caïds de l'époque surgissent dans votre espace vital, vous pourriez légitimement stresser. Je me détends, comprenant que cette visite n'a rien d'inamical. Au contraire. Après m'avoir félicité, en experts avisés, pour l'opération vendetta du FLNC à la prison d'Ajaccio, les voilà qui m'exposent le motif de leur irruption vespérale. Dans la matinée, j'avais été convoqué pour un contrôle médical, et tandis que, déambulant dans le couloir, j'attendais l'appel de mon nom, je fus pris à partie par un surveillant. « Eh toi, qu'est-ce que tu fais au milieu du couloir, reste contre le mur ! » Je n'avais guère apprécié. Ma réplique avait fusé : « Dis-moi un peu, pour qui tu te prends ? D'abord pour me tutoyer, ensuite pour t'adresser à moi sur ce ton. Sache que je ne suis pas un cafard pour ramper le long des murs ! »

Décontenancé, le gardien n'insista pas. Sans doute avait-il réalisé qu'il était face à un détenu particulier et en tout cas respectable, pas comme ces marginaux et autres drogués qu'il se complaisait à écraser pour se rassurer sur sa virilité. Ce respect, je l'avais bien manifesté à l'égard du personnel pénitentiaire tout au long de mon emprisonnement, de 1978 à 1981, après ma condamnation à neuf années de réclusion criminelle par la Cour de sûreté de l'État. Les surveillants aussi m'avaient toujours considéré. Certains, d'origine insulaire, allant jusqu'à exprimer leur solidarité, fredonnant l'hymne corse « Dio vi salvi Regina » dans une cour de Fresnes.

Le soir venu donc, les voici dans ma cellule. En langue corse, Pierre-Marie Santucci m'explique la situation : « Ce matin, tu as eu un accrochage avec un maton. Tu es d'accord pour qu'il rentre dans ta cellule ? Il attend dehors dans le couloir, il veut s'excuser. Tu sais, il nous rend des services… » Je rassure le « maton ». L'incident est clos et, en me recouchant, je gamberge sur la puissance de la Brise, son emprise sur l'institution pénitentiaire, ses réseaux qu'elle a tissés jusque dans l'univers judiciaire.

À cette époque, les relations entre la Brise et le FLNC relevaient d'un pacte tacite de non-agression. Nous sommes au début des années 1980 et la Brise ne pèse pas du poids qui sera le sien quelques années plus tard dans le paysage insulaire. Pendant plus de vingt ans, ce gang qui porte le nom du bar où ses fondateurs se retrouvaient sur le vieux port de Bastia, à la fin des années 1970, a imposé sa loi sur la Haute-Corse. Braquages de banques, attaques de fourgons blindés, extorsions de fonds, intimidations, assassinats, ils vont semer la terreur et rivaliser d'audaces.

Au départ, il y a Francis Santucci (le frère de Pierre-Marie), Georges Seatelli, Aimé Guerrini et Maurice Costa. Puis, petit à petit, la bande va s'étoffer. Francis Mariani, les frères Guazzelli, Richard Casanova, pour ne citer que les principaux, vont se greffer au quatuor pour devenir l'un des gangs les plus redoutés sur la scène criminelle française. Aujourd'hui, tous ces gens sont morts, tous de mort violente, à l'exception de Francis Santucci que la maladie a emporté en 1992.

En juin 1984, les visiteurs du soir de ma cellule étaient dans l'attente de leur procès d'assises consécutif à l'assassinat en 1982 de Daniel Ziglioli, un voyou réputé pour être le lieutenant de Louis Memmi, un parrain à l'ancienne de la Haute-Corse assassiné, en 1981, par les gens de la Brise pressés de prendre sa place. Afin de parer aux risques de coercition sur le jury populaire, cette audience avait été dépaysée à Dijon. Le témoignage accablant d'un policier recueilli lors de l'enquête promettait au trio une condamnation certaine. Ce fonctionnaire avait vu l'un des accusés jeter dans une rivière un paquet qui renfermait le Colt 45 qui avait servi à tuer Ziglioli. Appelé à la barre, le policier, bizarrement, n'était plus certain de rien et des footballeurs du Sporting Club de Bastia, alors en Ligue 1, étaient venus fournir des alibis aux accusés. À l'annonce du verdict d'acquittement, le 1er juin 1985, la salle d'audience, remplie de truands sapés comme des milords, ne dissimulera pas sa satisfaction. Cet acquittement restera comme le symbole d'une impunité aussi traumatisante que la menace des armes.

Dès lors, le gang aura devant lui un boulevard bordé d'innombrables vitrines de luxe que ses membres pilleront avec la frénésie des intouchables. Lourdement armés – bazookas, lance-roquettes et autres AK 47 –, ils n'hésiteront pas à recourir à des prises d'otages, à mettre en joue l'équipage d'un avion postal pour accaparer son chargement d'espèces, ou encore à creuser des tunnels pour dépouiller une salle de coffres de banque.

Mais le plus beau coup de la Brise, et le plus lucratif, reste le casse de l'Union de banques suisses à Genève en 1992. À ce jour, cette « œuvre » de Richard Casanova, inscrite au livre des records, reste considérée comme « le casse du siècle », pour une somme d'environ 150 millions de francs, soit 20 millions d'euros. Ils n'ont jamais été retrouvés. Il faut ajouter à ce capital, le contrôle des boîtes de nuit, de brasseries, de machines à sous… Avec tout cet argent, la Brise va se déployer et s'insinuer dans le milieu des affaires. Reprises d'entreprises, projets immobiliers, gérance d'établissements divers par l'intermédiaire de prête-noms, investissements en Russie ou au Vietnam… Pour chaque franc puis euro mis sur la table, elle attend des retours sonnants et trébuchants, et gare à celui qui cumule les retards de « remboursement » !

Jusqu'à la fin des années 1980 et au début des années 1990, le FLNC semblait être le seul obstacle à la mise en coupe réglée de l'île par les voyous de la Brise. À tel point qu'en 1987, des leaders de la bande, à l'instar de Richard Casanova ou de Francis Mariani, adressent ce message aux responsables du Front de la région bastiaise : « Si nous nous unissons, nous serons les maîtres de la Corse. » Ils avaient osé le proposer, car le contexte paraissait favorable à une coalition de la terreur. Ils se sentaient sûrs de leur puissance.

Et pourtant, les choses avaient failli mal tourner pour eux.

Fin 1978, déstabilisée par la rafle qui avait décimé son secteur bastiais et occasionné mon arrestation, la direction du FLNC s'attelait à un vaste chantier de réorganisation. Dès l'une de leurs premières réunions, des délégués avaient souhaité « tuer dans l'œuf » l'équipe pionnière de la Brise de mer. Je ne l'ai appris que tout récemment, ayant sollicité d'anciens dirigeants pour étoffer mon récit. Leur démarche était d'une grande cohérence. Une armée révolutionnaire allait être, tôt ou tard, confrontée à une organisation mafieuse partageant un même territoire. Mieux valait les liquider immédiatement que les laisser prendre racine. À une voix près, la proposition fut rejetée. L'argument des majoritaires était qu'il « faudrait régler le problème qu'ils posent pour la Corse, après la prise de pouvoir politique des patriotes ». Ainsi, le FLNC et la Brise cohabiteront. Mais j'aurai l'occasion de vous raconter, en détail, les conséquences funestes pour l'île d'un tel mélange des genres.

Les gangsters prospéreront dès lors, sans entrave majeure. Pionniers dans l'installation de rouages mafieux, ils placeront sous tutelle les principaux entrepreneurs de la Haute-Corse. Ces notables cumulant pouvoir économique et politique, ils partageront ainsi un festin gargantuesque. Ce fut du gagnant-gagnant.

Le gang aidera ses vassaux dans leurs joutes électorales. Initialement, ils soutiendront des candidats de la droite, allant jusqu'à être leurs assesseurs dans des bureaux de vote bastiais et faire pression sur les traditionnels racoleurs de voix adverses. Il ne me faudra pas longtemps pour en prendre conscience.

En mars 1989, aux élections municipales de Bastia, je suis colistier avec Max Simeoni, leader autonomiste et frère d'Edmond qui fut, au milieu des années 1970, l'un des pères fondateurs du nationalisme corse. Le dimanche du premier tour de scrutin, je fais la tournée des bureaux de vote. Arrivé à celui de Lupino, un quartier populaire situé au sud de Bastia, je tombe sur l'un des assesseurs d'Émile Zuccarelli, le candidat radical de gauche. « Léo, tu as vu comme ils sont menaçants, tous ces nouveaux assesseurs de la droite ? Ils veulent nous faire peur », m'interpelle-t-il. Il y a là quelques gros bras de la Brise qui font office de service d'ordre pour Paul Natali, le candidat de la droite. L'assesseur de la mairie avait été très courageux. C'était même la première (et dernière) fois de ma vie où j'ai entendu quelqu'un s'en prendre ouvertement à eux. J'étais plutôt embarrassé puisque, nous-mêmes, par une présence physique massive et quelque peu guerrière, cherchions à impressionner des fraudeurs dont, bien évidemment, le brave assesseur zuccarelliste faisait partie. Mais, selon les codes clanistes, il était, lui, droit dans ses bottes. Bourrer des urnes ou les jeter à la mer était pur respect d'une tradition.

Il va de soi que les élections furent encore remportées par Émile Zuccarelli, fils du maire sortant Jean, lui-même gendre d'un précédent. L'alliance MRG-PS-PCF[1] entamait chaque scrutin avec un avantage de quatre cents procurations en provenance d'une même adresse niçoise. Mais, la veille, nous avions porté un coup fatal à leur technique. Avec Max Simeoni, nous avions fait souffler un vent de panique en exigeant, auprès du bureau électoral, de pouvoir vérifier l'authenticité de ces

1. Mouvement des radicaux de gauche, Parti socialiste et Parti communiste français.

procurations. Dotés d'un magnétophone, nous feignions, par nos échanges, détenir des informations sur une fraude importante. Toute la nuit, une vingtaine d'agents municipaux ont été mobilisés pour effacer les traces de leur forfait en falsifiant les documents. Tous furent condamnés sauf, évidemment, leur patron, Jean Zuccarelli, réélu depuis 1968, qui souhaitait passer confortablement le relais à son fils.

L'élection sera annulée. Le ministre de l'Intérieur, Pierre Joxe, proposa une loi changeant certaines conditions du vote par procuration. Ainsi, lorsque vous signez la liste d'émargement après avoir accompli votre devoir, vous nous êtes redevables, ne l'oubliez pas… Pour le nouveau scrutin municipal, on ne compta plus que cent quatre-vingt-deux votes par procuration contre mille cinquante-deux un an auparavant ! Mais la lignée fut néanmoins préservée. Il faudra attendre le petit-fils pour que la dynastie s'écroule.

Ainsi, Paul Natali a eu beau déployer des troupes mafieuses pour équilibrer les rapports de force frauduleux, il avait trouvé plus fort que lui sur ce terrain-là. Ancien ouvrier du bâtiment, il a commencé comme conducteur d'engins sur les chantiers dès sa sortie de l'école à la fin de l'adolescence. Il venait d'une famille modeste et a d'abord gravi tous les échelons au sein de l'entreprise de BTP pour laquelle il travaillait. Son mariage avec la fille d'un important entrepreneur de BTP de Borgo, commune du sud de l'agglomération bastiaise, lui a permis de se hisser à la direction de l'entreprise familiale.

L'homme a des ambitions. Il rêve de pouvoir et de reconnaissance. Inscrit au RPR (Rassemblement pour la République) qui est le grand parti chiraquien de la droite à l'époque, il a pour objectif premier de cibler les organisations professionnelles des commandes desquelles il s'approche peu à peu. En 1986, il accède à la présidence de la chambre de commerce et d'industrie (CCI) de Haute-Corse. Première marche d'une ascension fulgurante qui le conduira à la présidence du département de Haute-Corse en 1992, puis au Sénat, jusqu'à sa condamnation définitive en 2004 à deux ans d'inéligibilité et 20 000 euros d'amende pour prise illégale d'intérêts, usage de faux pour plusieurs marchés publics passés par la CCI sous sa présidence.

Comme le révèle le journaliste du *Monde* Jacques Follorou dans l'un de ses nombreux ouvrages consacrés à la mafia corse[1], dès 1986, Natali s'acoquine avec la Brise. Des hommes de la bande sont repérés par les services de renseignement tandis qu'ils font la tournée des commerçants pour les inciter à voter Natali lors des élections consulaires. Durant cette période, d'autres élus, à

1. *Mafia corse, une île sous influence*, Robert Laffont, 2022.

l'instar de Pierre Pasquini, maire RPR de L'Île-Rousse en Haute-Corse, député puis ministre des Anciens Combattants dans le gouvernement d'Alain Juppé de 1995 à 1997, feront également l'objet de signalements pour leur proximité avec des gens de la Brise. Ces porosités sont telles qu'en 1993, un haut magistrat en poste à Bastia, le procureur général Christian Raysséguier, s'inquiète, dans une note destinée à la chancellerie, des liens qui s'établissent entre le banditisme et certains élus insulaires. Selon le magistrat, ces liens « seraient susceptibles de générer un processus mafieux irréversible au sein même des assemblées territoriales ».

Porosités…

S'il faut dater les premiers signes de la dérive mafieuse sur l'île, c'est durant ce laps de temps, au milieu des années 1980, qu'elle s'amorce. C'est à ce moment qu'émergent la Brise de mer et son emprise. Ce processus s'accompagne de sa mue en une organisation criminelle capable de blanchir ses avoirs indûment acquis par des systèmes opaques internationaux, machines conçues pour dissimuler tant l'origine de l'argent que les montants.

En 1998, l'élection de Paul Giacobbi, radical de gauche, à la présidence du conseil général de Haute-Corse donne lieu à un nouveau coup de théâtre. Encore une fois, la Brise de mer n'est pas étrangère à ce revers de l'histoire. Dans un rapport remis en juillet 2000 à la ministre de la Justice d'alors, Élisabeth Guigou, Bernard Legras, procureur général de Bastia, dévoile ce qui, selon des informations qu'il a en sa possession, mais dont il n'a pas la preuve formelle, aurait été les conditions de l'élection de Paul Giacobbi.

Paul n'a pas la fibre politique de son père, le charismatique François, qui a exercé le pouvoir pendant quarante ans. Lequel l'avait hérité de son propre père. Durant des décennies, les Giacobbi ont régné en maîtres sur cette micro-région de l'intérieur de l'île, autour de Venaco, à quelques kilomètres de Corte. Lorsqu'en 1997, à la mort de François, l'heure est venue pour Paul de prendre la relève, celui-ci n'a pas les « défauts » nécessaires pour être un chef de clan. Dominique dit « Mimi » Viola, proche de la famille, dispose, lui, de ces « qualités »... Il connaît tout le monde. Tout le monde le connaît. Il a le sens et le goût du contact. Il aime serrer des mains, s'enquérir de la santé des uns et prendre des nouvelles des autres. Tout en étant l'antithèse de Paul, il en est la doublure.

Mimi, que je connais bien, est un politicien roublard comme il en existe tant dans notre île. Disons qu'il est grand maître en la matière, ayant des relations sulfureuses. Il est ami de longue date avec le Cortenais Daniel Vittini, dont la caractéristique est d'être le représentant de la Brise dans la cité dont Pascal Paoli avait fait la capitale de la République corse indépendante entre 1755 et 1769. Vittini s'occupe notamment du placement des machines à sous pour le compte de la bande. Mimi est aussi l'ami d'un autre membre éminent de la Brise, Maurice Costa, l'un de ses fondateurs. Maurice est le chef de file de la famille Costa, une fratrie dont le fief est le village de Moltifao, perché à flanc de montagne.

C'est donc Mimi qui, en ce mois de mars 1998, prend la direction de la campagne électorale de Paul Giacobbi pour le scrutin des cantonales à l'issue duquel il espère reprendre la présidence du département que la droite de Natali a ravie à son père six ans plus tôt. À l'issue du second tour, la gauche plurielle ne dispose pas de la majorité des sièges au conseil général. Elle en totalise quatorze, la droite quinze et il y a un sans étiquette qui votera Giacobbi. L'égalité favorise la droite qui présente le doyen de l'assemblée au second tour.

Le 30 mars, jour de l'élection du président, coup de théâtre ! Contre toute attente et toute logique arithmétique, la gauche l'emporte et Paul Giacobbi s'installe à la présidence. L'un des élus de droite, Serge Grisoni, a changé son vote. Il vote blanc et son suffrage manque à la droite qui perd la présidence. Serge, un garçon sympathique, qui avait fait ses études à Nice à mon époque, aimait flamber. Comme la plupart d'entre nous d'ailleurs, mais dans des proportions bien plus importantes. Il est tombé dans les filets de malfrats qui, organisateurs de parties de poker, savaient flairer le pigeon. À la fameuse foire de la *Santa di u Niulu* célébrant le 8 septembre la naissance de la Vierge Marie (le Niolo est une région montagneuse de tradition pastorale), les voyous réduisaient la part du hasard, en trichant pour plumer leurs victimes. Les sommes étaient colossales, des bergers y perdaient toutes leurs économies et, souvent, des établissements y changeaient de propriétaires. Mais les truqueurs de la Brise sévissaient dans bien d'autres régions. La dette de l'infortuné Serge était très importante. Son annulation était conditionnée à l'abandon du soutien à Natali. Mimi Viola, à l'initiative de ce marchandage, lui aurait promis, en contrepartie, une vice-présidence au conseil général et la mairie de Moltifao, dont Grisoni était déjà conseiller municipal.

Avant de poursuivre, disons clairement les choses. Paul Giacobbi est l'héritier d'une lignée de chefs de clan qui ont, de longues années durant, régné en maîtres sur la Haute-Corse. Nous sommes originaires du même village, Venaco. Même s'il a été porté au pouvoir avec le soutien et l'entregent de la Brise, je sais qu'il ne s'est pas enrichi personnellement. Il est le prototype même d'un élu pétri de qualités intellectuelles et qui, entouré d'une cour parfois sans scrupules, a baissé les yeux lors des innombrables détournements de fonds subis par l'institution dont il avait la charge. Il n'a pas bénéficié de ces pillages, mais il a laissé faire par confort politique. Cela lui a assuré des suffrages et son maintien au pouvoir, une règle de base de l'électoralisme qui fonde la puissance du clan. Il connaissait les règles du jeu, à l'instar de ces maires qui accordent des permis tout en les sachant illégaux, de peur de perdre des électeurs et, parfois, d'affronter des spéculateurs mafieux.

À ce propos, le gangster Jacques Mariani, fils de feu Francis, l'un des parrains les plus redoutés de la Brise, décrit avec franchise le processus de prévarication : « Si demain, le maire refuse à un promoteur le projet immobilier qu'il souhaite construire, et si nous on connaît le maire, alors on va aller le voir pour le convaincre de laisser le promoteur construire sur ce terrain. Des fois ça se passe bien et alors on devient associé du projet. Et des fois, ça se passe mal et là, à la limite, on peut discuter de ce qu'on fait. S'il obtient un permis de construire grâce à nous, alors on devient associé du projet immobilier… » Mariani fils n'est pas allé longtemps à l'école, mais, intelligent, il maîtrise l'art de l'euphémisme. Tout est dit dans ce petit discours de la méthode, énoncé par l'un des principaux héritiers de la Brise.

La complicité de l'État

Dans les années 1980 et jusqu'au début des années 2000, les serviteurs de l'État ont toujours privilégié la chasse aux nationalistes clandestins plutôt que la lutte contre la criminalité organisée. Des moyens considérables ont été déployés contre nous autres, militants nationalistes. Je prendrai, brièvement, mon propre exemple. Tous mes déplacements étaient sous fort contrôle, jusqu'à quatre policiers me prenant en filature dans le métro parisien. Sur l'avenue Foch à Paris, nous avions repéré une fois trois véhicules et même deux motos sur les contre-allées. Il serait trop long d'évoquer nos déplacements internationaux, mais, sous sollicitation française, nous avons été arrêtés partout, en Irlande, en Angleterre, au Pays basque, à Porto Rico. Le port de Livourne avait été carrément bloqué par les *carabinieri* pour nous interpeller et vérifier notre matériel de propagande lors d'un déplacement au Sud-Tyrol. Mon appartement était sur écoutes et le studio au-dessus de notre siège bastiais loué par la police.

Nous étions, ainsi, une bonne dizaine de dirigeants à coûter fort cher au contribuable français. Et, pendant ce temps, les gangsters tissaient leur toile, en toute sérénité, presque chouchoutés.

La mise en coupe réglée par le contrôle de nombreuses sociétés était ignorée. En 1998, le rapport du commissaire Gréard dressait la liste de cinquante sociétés liées au blanchiment de l'argent de la Brise de mer. Il en avait remis une synthèse à un ponte de la direction centrale de la police judiciaire, lequel ne voyait dans ces révélations qu'une compilation de comptes sans grand intérêt et décidait d'enterrer le document. Quelque temps plus tard, les noms des principaux barons de la Brise de mer inscrits au fichier du grand banditisme seront effacés. Priorité était donnée à la chasse aux nationalistes et certains voyous y avaient leur utilité.

Une catastrophe symbolise la connivence entre certaines institutions et le milieu insulaire. Le 5 mai 1992, le Sporting Club de Bastia doit disputer la demi-finale de la Coupe de France de football contre l'Olympique de Marseille. Le match a lieu à Furiani, à une dizaine de kilomètres au sud de Bastia, dans l'antre du Sporting. Sur notre île, où le foot est une religion et le Sporting une incarnation du sacré, l'événement a le retentissement d'une visite papale. Il faut donc adapter le stade pour que des milliers de places supplémentaires soient disponibles à la vente. Tout se fait dans l'urgence et en violation de toutes les règles : pas de permis de démolition et des travaux improvisés. Quelques dirigeants du club, affidés à la Brise, impriment des milliers de faux billets qu'ils mettent sur le marché. Avant même le coup d'envoi, la tribune ne résiste pas à l'enthousiasme de la foule. Elle s'effondre. Sous les décombres de la tubulure, on relève dix-huit morts et deux mille trois cents blessés. La Corse ne s'en remettra jamais.

Pour parfaire son entreprise, la mafia s'est adaptée dès la fin du XXe siècle aux réalités politiques et économiques de l'île. La Brise de mer régnait au nord, territoire qu'elle a dû partager sur la Plaine orientale, avec une autre équipe de malfrats : les bergers de Venzolasca. Les seuls qui, à partir des années 1990, ont été en mesure de concurrencer la Brise sur ses terres. Une bande de braqueurs dont le chef, Ange-Toussaint Federici, et son frère Jean-François, tous deux actuellement derrière les barreaux, se sont d'abord spécialisés dans les attaques de banque sous d'autres cieux, le racket d'établissements de nuit et de restauration dans la région d'Aix-en-Provence, puis dans les cercles de jeux à Paris.

Malgré leurs condamnations à de lourdes peines de réclusion criminelle, les Federici dont l'un des frères, Balthazar, est maire de leur fief Venzolasca après avoir été conseiller territorial sur la liste de Paul Giacobbi, l'ancien leader de la gauche insulaire, défendent leur espace dans la sphère mafieuse insulaire. Au fil des années, ils ont investi dans des activités diverses pour recycler tout l'argent qu'ils ont volé : business de la sécurité, immobilier, fret de marchandises dans les aéroports, etc.

Au sud, le clan de Jean-Jérôme Colonna, que tout le monde appelait Jean-Jé, a longtemps joué les arbitres. Depuis son retour sur l'île en 1985, au terme d'une cavale longue de dix-sept ans qui l'a conduit du Brésil à l'Afrique du Sud, cet ancien de la *French Connection*, dont la police américaine avait mis la tête à prix dans les années 1970, était considéré comme le parrain de la Corse-du-Sud. Son histoire, son charisme et son autorité en faisaient une sorte de juge de paix au tribunal de la voyoucratie insulaire. Sous sa férule à la tête de la bande du Valinco (région située autour de Propriano en bordure du littoral dans le sud-ouest de l'île), l'ordre régnait entre les diverses bandes criminelles, tandis que les affaires marchaient au mieux.

Ses relations avec le monde politique n'étaient un secret pour personne. Ses troupes portaient la bonne parole dans les villages autour de Propriano, Sartène et Porto-Vecchio pour garantir l'élection ou la réélection des maires, des députés ou des sénateurs qui avaient le bon goût de ne pas entraver son mode de vie. Ce sera aussi l'équipe de l'un de ses affidés, Jeannot U longu (« Le long ») qui, le 17 juin 1983 avait torturé et assassiné le militant Guy Orsoni.

La mort soudaine de Jean-Jérôme Colonna, en novembre 2006 à l'âge de 67 ans, survenue à la suite d'un accident de la route, a bouleversé les équilibres. À l'instar des enterrements des parrains des grandes familles italo-américaines de la mafia new-yorkaise, ses obsèques, à Pila-Canale en Corse-du-Sud, ont rassemblé tout ce que l'île compte de figures politiques, d'acteurs économiques, de respectables citoyens, de notables et de criminels patentés.

Son cercueil à peine refermé, une partie des barons de la Brise, mais aussi les jeunes Ajacciens de la bande montante du Petit Bar et quelques autres voyous estampillés qui convoitaient la succession, se sont retrouvés dans l'arrière-salle du café du village pour dessiner une nouvelle carte de la géographie mafieuse insulaire. Certains d'entre eux, présents lors de cette rencontre au sommet, dont, on s'en doute, les policiers des renseignements généraux ne manqueront pas une miette, finiront quelques années plus tard sous les balles de leurs rivaux ou, tel Francis Mariani, enseveli sous les décombres d'un hangar soufflé par une bombe.

Il était primordial de décrire ces racines du mal pour aborder ce qui se trame de nos jours. Ces jeux d'alliance, ces trahisons, ces guerres de gangs et ces porosités entre le monde des voyous armés et celui des autres, en col blanc et veste de bon faiseur. Pour comprendre l'ivresse, les dérives et la persistance de ce type de pouvoir, je vous recommande la lecture d'un ouvrage publié en 1887 (*En Corse : l'esprit de clan, les mœurs politiques, les vendettas, le banditisme*), écrit par Paul Bourde, un grand journaliste reporter de l'époque. Il y souligne, entre autres, ceci : « Grâce à la conscience de clan, les lois sont anéanties. Une moitié des citoyens s'y soustraient avec le concours de leurs représentants, et elles ne sont contre le reste que des instruments de vexations. Il n'y a ni droit ni justice ; les administrateurs sont frappés d'inertie par la peur de compromettre leur carrière, les administrés sont persuadés, par l'expérience quotidienne, que rien ne se règle autrement que par la faveur. »

Vous y apprendrez comment les bandits de l'époque dictaient leur loi en contrôlant juges et maires et en liquidant, de façon massive, tous les « obstacles » avec l'indifférence, voire la complaisance, d'une France royaliste, impériale ou républicaine. Les clans étaient, déjà, des mafias, tout était sous contrôle et leurs armées de hors-la-loi étaient bien plus redoutées que la gendarmerie. Pauvres pandores si souvent humiliés, allant même jusqu'à s'entretuer, comme ce 1er juin 1886 à Porto-Vecchio. Pour une histoire de chien des uns ayant fait une intrusion dans la vigne des autres, une vendetta opposa deux familles. La moitié de la gendarmerie s'était mise en chasse des Tafani avec l'aide des Rocchini, tandis que l'autre moitié, dans l'ignorance totale de ce qu'entreprenaient leurs collègues, poursuivait les Rocchini avec l'aide des Tafani ! Et l'affrontement eut lieu, sanglant. Un gendarme fut tué ainsi qu'un bandit, d'autres gendarmes furent blessés. *No comment.*

Cent trente-sept ans plus tard, il y a, fort heureusement, moins de sang versé, mais le constat se vérifie encore. Des bandes pillent et tuent parfois. Une vaste razzia s'est abattue sur tous les grands chantiers de la Corse, routes, ports, aéroports, etc. Les entrepreneurs en prise avec les mafieux ont empoché des centaines de millions d'euros, le plus souvent provenant de la puissance publique, avec d'insolents bénéfices. Quel sentiment d'injustice lorsque l'on mesure les conséquences sociales dans une région au taux de pauvreté le plus élevé de France. Territoire où, paradoxalement, on bat les records de ventes de Porsche et de véhicules blindés !

3

Mon engagement pour la Corse

Au commencement

Aléria, capitale romaine de la Corse, vendredi 22 août 1975 : « Dernière sommation, nous allons faire usage de la force… » L'ultimatum restera toujours gravé dans ma mémoire. Je me saisis du fusil emprunté, la veille, à un sympathisant armurier cortenais. À 22 ans, ma seule expérience militaire se limite à l'emploi d'une carabine à plomb. Dans mon enfance, mon père m'accompagnait pour chasser des oiselets le long d'un sentier de notre village. J'ai le désagréable souvenir d'avoir, parfois, atteint une cible.

Mais bon… ce 22 août à Aléria, le gibier, c'était nous ! Face à notre groupe de militants de l'Action régionaliste corse, plusieurs centaines de militaires, des hélicoptères et des chars de combat de la gendarmerie s'apprêtaient à donner l'assaut. La fusillade durera quelques minutes. Le bilan fut lourd : deux militaires morts, un des nôtres gravement blessé. *Le Figaro* soulignera que c'était « la première fois que des militaires étaient tués par d'autres Français depuis la guerre d'Algérie ».

Je me souviens des moindres instants, d'un bref mais intense affrontement. Difficile d'oublier ces deux gendarmes disparus si jeunes et les regards apeurés de leurs camarades lorsque nous nous sommes trouvés à quelques mètres d'eux, durant les tractations. J'aurai toujours en mémoire cette dignité, malgré sa souffrance, de notre compagnon Pierrot Susini. Le pied droit de ce militant avait été arraché par une grenade et il nous encourageait à résister. Je me souviens de la tension d'une réunion devant décider de notre comportement. Nous avons voté. Je faisais, déjà, partie des modérés écartant une proposition de nous rendre à Corte pour prendre d'assaut la sous-préfecture.

Edmond Simeoni, notre leader, figure emblématique du nationalisme corse, avait, pendant ce temps, négocié notre départ, avec armes et bagages, en échange de sa reddition. Nous y étions tous opposés, mais le choix d'Edmond ne pouvait qu'être respecté.

Cette occupation de la cave Depeille appartenant à un rapatrié pied-noir devait être purement symbolique, une sorte de jacquerie provoquée par l'escroquerie d'une chaptalisation du vin. Pas question de s'aventurer sur des ruptures politico-militaires, les fusils n'étaient brandis que pour garantir un impact médiatique. Soyons honnêtes : nous étions tous là pour affirmer l'importance du combat nationaliste par une action spectaculaire.

Il y avait très peu d'agriculteurs dans nos rangs. Mais nous n'avions jamais envisagé que du sang serait versé.

À la suite de cet épisode, dramatique tout autant qu'héroïque, j'ai connu mon premier maquis. En dépit de la gravité des faits et la diffusion de nos visages dans de nombreux médias, les jeunes occupants ne seront pas inquiétés. Ainsi, pour une action ayant occasionné la mort de deux gendarmes, nous ne subirons même pas une heure de garde à vue… Plus tard, pour une tentative d'attentat, je serai condamné à neuf ans d'enfermement ! Est-il nécessaire d'épiloguer ?

Après ce 22 août, la Corse ne sera plus jamais comme avant. Moi non plus. En appuyant sur la détente, j'avais visé en direction du ciel. J'étais déjà ballotté par mes contradictions : mon rejet de la violence et ma volonté de combattre les injustices. Pétri de conceptions humanistes, j'atteindrai, paradoxalement, la direction d'un mouvement armé responsable de milliers d'attentats et de dizaines d'exécutions. Fort de mes convictions, persuadé que notre stratégie triompherait, j'ai pris tous les risques. Nous étions des purs et durs noyés dans le romantisme révolutionnaire d'une époque où Sartre l'emportait sur Camus. Et puis nous pensions avoir une telle légitimité à mener le combat que la légalité nous importait peu.

Je suis souvent agacé par les lamentations de ceux qui prétendent que la Corse, autrefois, c'était mieux que celle tourmentée par ces cinquante dernières années de contestation politique. À entendre ces nostalgiques, avant Aléria, tout n'aurait été que sérénité, bonheur, abondance. Bien loin du tumulte actuel, des attentats, des violences de rue, du choc culturel avec la prétendue menace de tous ces étrangers, Arabes, Portugais, Roumains et surtout de ceux qui, avant, étaient appelés des *pinzuti* ou continentaux et sont désormais le plus souvent qualifiés, de façon distanciée, de Français. Il est vrai qu'en étant chair à canon en 1914, en s'exilant pour souvent aller coloniser les autres, en étant soumis, en votant bien de génération en génération, en ne produisant rien, en baissant les yeux devant les voyous, c'était le bonheur assuré…

A contrario du cliché « île de Beauté », dont usent nombre de journalistes, la Corse de ma jeunesse allait plutôt devenir, comme le martèlera notre propagande, une « île de bottés » avec des phases répressives très dures.

Les explosions avaient réveillé un pays assoupi, qui s'était pourtant révélé comme modèle d'avancée politique au XVIIIe siècle. Sa Constitution du 18 novembre 1755 est considérée comme la première démocratique de l'histoire moderne tandis que l'Europe pliait sous le joug des monarchies. Pour sa séparation des pouvoirs et l'amorce d'un suffrage universel, elle fut citée en exemple par l'Europe des Lumières. Rousseau s'enthousiasmait : « Il est encore en Europe un pays capable de législation : c'est l'île de Corse. La valeur et la constance avec laquelle ce brave peuple a su recouvrer et défendre sa liberté, mériterait bien que quelque homme sage lui apprît à la conserver. J'ai quelque pressentiment qu'un jour cette île étonnera l'Europe. » Et Voltaire s'enflammait : « Toute l'Europe est corse ! » Pascal Paoli, le premier leader indépendantiste corse, l'initiateur de cette constitution, chef de l'éphémère État corse entre 1755 et 1769, le « *babbu di a Nazione* » (« le père de la Nation ») était en relation avec d'autres pères fondateurs, ceux des États-Unis et principalement Thomas Jefferson. La Constitution corse fut l'une des sources d'inspiration pour la rédaction de la Constitution américaine du 17 septembre 1787. Que plus d'une dizaine de villes américaines s'appellent Paoli ou Corsica City ne doit rien au hasard.

Mais deux siècles plus tard, quelle triste destinée. Ce qu'il restait des élites d'une île lobotomisée allait sombrer dans la résignation. Il semblait n'y avoir aucun devenir collectif et l'exil était l'exutoire pour le plus grand nombre. La Corse sera la seule île de la Méditerranée dont la population chutera au XXe siècle, passant de près de trois cent mille habitants en 1901 à moins de deux cent cinquante mille lorsque j'y suis né, en 1953.

On constate, depuis une vingtaine d'années, une progression, mais uniquement grâce à l'apport de nouveaux résidents. Le solde naturel est très négatif avec un indice conjoncturel de fécondité le plus bas de France (en 2019 : cent quarante et un enfants pour cent femmes, soit quarante-trois de moins que pour la moyenne française).

Au début des années 1970, lorsque nous osions parler de peuple et de langue, la majorité des insulaires évoquaient une population et son dialecte. Le terme « langue » était choquant comme l'est, pour certains aujourd'hui, le mot « mafia ». Nous avions du mal à convaincre. Allez expliquer à un habitant de mon autre village, Antisanti, où le français n'était utilisé que dans les classes, que nous étions menacés culturellement !

Nous n'avions jamais vu flotter un drapeau à tête de Maure sur un fronton et Pascal Paoli nous était inconnu. Nous ignorions même avoir été indépendants et restions dans la méconnaissance de l'épisode tragique de la bataille de Ponte Novu, en mai 1769, lorsque les troupes de Louis XV avaient anéanti l'armée de Paoli et avec elle la nation corse. Nos dates de références c'était 732 et 1515. Superbes, nous ricanions avec ces histoires de Créoles qui prétendaient que les Gaulois étaient leurs ancêtres.

Tout était conçu pour enfouir notre identité. Aucune école, durant plus de deux siècles de Corse française, n'avait dispensé la moindre minute d'enseignement de notre langue. Et s'exprimer dans notre idiome à l'école était souvent réprimé. Peu à peu, les parents évitaient de parler corse avec leurs enfants. D'abord avec les filles, puis les garçons. Surtout dans les villes. C'était leur façon de nous aimer, comment leur en vouloir ? Pour nous élever socialement, nous devions maîtriser la langue de Molière.

Au milieu des années 1970, j'avais donc décidé d'agir tout en conservant le plus profond respect pour une culture française enrichissante. Il ne saurait, pourtant, y avoir de hiérarchie entre les langues et les peuples. Il est terrible de constater qu'il y a cinquante ans, la Corse, qui, répétons-le, ne bénéficiait d'aucun enseignement de sa langue, était largement corsophone. Nous avions donc raison de pronostiquer le déclin de son usage. On évalue aujourd'hui, avec une conception généreuse de sa maîtrise, à moins de cent mille le nombre de locuteurs. Pour ma part, constatant que les jeunes ne la parlent plus du tout même s'ils la chantent et qu'au sein des familles l'usage est anecdotique, je serai assez pessimiste. Nous sommes, sur le plan linguistique, les derniers des Mohicans. L'espèce corse mériterait, aussi, d'être protégée. Elle ne menace personne et enrichit le patrimoine culturel mondial.

La notion de communauté de destin est au cœur de la solution. En 1988, j'étais monté à la tribune de l'Assemblée de Corse, pour défendre la motion déposée par notre groupe Cuncolta[1]. Elle avait pour objet la reconnaissance du peuple corse, comportant les Corses d'origine et d'adoption, et rejetait la conception d'un droit du sang ou du Corse de souche. La motion, amendée par de nombreux groupes, sera adoptée à l'unanimité. Ce sera un moment important même si, aujourd'hui, ce combat pour construire le peuple corse en tant que communauté de destin reste plus que jamais essentiel, la clé même de l'harmonie culturelle de la Corse. Je suis navré de rappeler que le ministre pour lequel j'ai eu le plus d'estime dans ma jeunesse, Robert Badinter, se soit vanté d'avoir osé tenir tête, une fois, à Mitterrand. En 1991, alors président du Conseil constitutionnel, il avait repoussé la notion de « peuple corse » intégrée dans la loi sur la collectivité territoriale de Corse adoptée par le Parlement. On en paye toujours les conséquences.

Motivé, je contribuerai fortement à la lutte radicale, plaidant, de 1976 à 1992, la légitimité de la violence politique au service d'une libération nationale. Je faisais partie de cette poignée d'orateurs dont on savait, lorsqu'ils étaient à une tribune, qu'ils dirigeaient des centaines d'hommes armés. Nous étions comme des truites endémiques nous faufilant dans toutes les rivières de nos

1. Mouvement politique, vitrine légale du FLNC, fondé en 1987.

montagnes et ne butant sur aucun barrage idéologique. Réactifs et efficaces, nous contrastions avec des détracteurs pataugeant dans leurs contradictions.

Les forces traditionnelles, de gauche ou de droite, sanctifiaient la démocratie. Quelle farce ! Ils bourraient les urnes. Une clique politique, simples vassaux du pouvoir parisien et ès spécialistes en fraudes électorales massives qui n'avait aucun crédit réel vis-à-vis du peuple.

L'un de ces si nombreux spécimens s'appelait Antoine Pagni. Il était maire de Pietroso en Haute-Corse, à quelques kilomètres de Casavecchie, village de la famille Pasqua, celle de Charles qui fut ministre de l'Intérieur. Antoine Pagni en a été le maire de 1958 à 1976. Il disposait d'un sacré carnet d'adresses dans le monde du showbiz et avait pour habitude d'accorder le statut de citoyen d'honneur à des vedettes comme Enrico Macias, Adamo, Sylvie Vartan, Johnny Hallyday et quelques autres. Outre cet entregent, son principal talent résidait dans l'art de maîtriser la geste électorale. Son village, qui peinait à compter cent âmes lors des divers recensements, contenait toutefois cinq fois plus d'inscrits sur les listes électorales. Électeurs fantômes dont l'écrasante majorité lui accordait son suffrage à chaque scrutin. Une tradition à l'époque du vote par correspondance.

Pour rivaliser avec Antoine Pagni dans cet exercice de haute voltige, il fallait s'accrocher.

D'autant qu'il avait fait confectionner, par un ébéniste, une urne à double fond. Un dispositif audacieux. Il suffisait d'un simple geste rapide pour glisser une dizaine de bulletins supplémentaires. Pas vu, pas pris. Des anecdotes comme celle-là, il y en a dans quasiment tous les villages. La palme, sans conteste, revient à la commune de San Damanio (Haute-Corse) : cent soixante-cinq électeurs inscrits, cinq mille cinq cent quatre-vingt-dix-huit suffrages exprimés ! Mes propres villages n'ont pas failli à la tradition. Surtout lors des dépouillements. À Venaco, entre autres moyens, la panne d'électricité était très prisée. L'obscurité permettait de glisser quelques dizaines de bulletins frauduleux. Quant à Antisanti, j'ai le regret de vous informer que nous avions battu le record de trucidés en la matière avec six victimes en 1892. Trois dans chaque camp !

Les clans étouffaient la Corse. Plus dommageable que la fraude technique, la soumission d'électeurs redevables d'une « place » avait détruit tout potentiel productif, nous condamnant à la dépendance. Les élus de droite et de gauche se servaient de la distribution d'emplois publics pour s'assurer du vote de familles assujetties à vie au lieu d'encourager la création d'entreprises. La richesse des Trente Glorieuses était ainsi dilapidée. L'État vantait la solidarité nationale tout en tirant les ficelles de marionnettes agrippées à leurs privilèges. Souvent, j'imagine ce qu'aurait pu devenir notre territoire si des projets structurants et la formation avaient été bâtis sur nos immenses potentialités. Aujourd'hui, les agriculteurs d'une île luxuriante et regorgeant d'eau en sont réduits à aller en Israël pour comprendre comment ils irriguent leurs déserts.

À la fin des années 1980, le combat réformiste allait atteindre ses limites. Aléria avait légitimé l'action violente : comment, dès lors, se borner à une approche démocratique inaudible, puisque nous étions confrontés à des tricheurs et des manipulateurs ? La démarche autonomiste, largement dominante grâce au charisme de son leader Edmond Simeoni, perdra, au fil des chocs, de son influence. La stratégie révolutionnaire l'emportera au détriment du réformisme.

Le champ était libre. Je n'ai jamais vu quelqu'un s'élever face à nous. Pas une voix pour nous interpeller avec un argument de poids : le respect de la vie n'est-il pas une exigence indissociable d'une réelle avancée démocratique ?

La radicalisation

Je me concentre. C'est mon premier discours devant une importante assistance. Cinq cents personnes réunies à Corte, en août 1976, c'est appréciable. Les partisans d'une lutte sans concessions ont répondu à l'appel de la Cunsulta Ghjuventu Naziunalista Corsa (Assemblée de la jeunesse nationaliste corse). Bon nombre d'autonomistes sont présents, déjà sensibles à une nécessité de rupture. Mais le gros des troupes est constitué de sympathisants d'un FLNC créé trois mois auparavant, le 5 mai.

Avec Pierrot Poggioli, notre leader, nous avons concocté un long exposé remémorant l'histoire d'une nation corse désormais vaincue. Un peu rébarbatif, mais édifiant. Je piaffe d'impatience d'arriver à la touche finale, celle où l'on s'enflamme. J'observe un temps de silence pour mieux porter l'estocade: « Jusqu'à ce jour, l'Associu di Patrioti Corsi [1] n'est qu'un mouvement réformiste

1. Association des patriotes corses. L'APC a été créée après la dissolution de l'ARC suite aux événements d'Aléria en 1975.

implorant la libération d'Edmond Simeoni. » Ce constat vise une stratégie en œuvre depuis un an au sein du mouvement, que nous sommes de plus en nombreux à déplorer. Le combat pour la Corse ne peut pas se limiter au combat pour la libération d'Edmond Simeoni, incarcéré depuis août 1975, à l'issue des événements d'Aléria. Il faut entrer dans une nouvelle ère, en élevant le niveau de nos exigences et de notre détermination. Le frère d'Edmond, Max, secrétaire général de l'APC, a le sourire crispé, mais se tait. Il avait conscience qu'à peine un an après notre action d'éclat commune, c'était l'amorce d'une rupture.

Le responsable autonomiste avait aussi noté l'ovation saluant l'ultime phrase de l'intervention, « *Vince o more* », sachant que cet appel à vaincre ou à mourir était à prendre au premier degré. Ce slogan guerrier était de la même veine que la phrase de Che Guevara citée par Edmond Simeoni, un mois avant Aléria. Sous un chapiteau dressé à Corte, devant cinq mille sympathisants survoltés, il s'était écrié : « Un révolutionnaire, ou il gagne, ou il meurt. » Lui non plus ne fanfaronnait pas. Il avait, sans doute, tenu compte de la contestation interne lors du dernier congrès autonomiste avec un tiers des voix pour notre motion critiquant une ligne trop modérée. Il répondait ainsi au bombage provocateur sur les murs de son siège bastiais : « Edmond, la canne à pêche ou le fusil ? »

L'apport de la jeunesse était une aubaine pour une organisation autonomiste dont l'encadrement était vieillissant. Les étudiants de la Cunsulta di i Studienti Corsi (CSC, Assemblée des étudiants corses) constituaient un bon vivier. Pour beaucoup d'entre eux, en particulier les femmes, il fallait sortir d'un cocon familial le plus souvent redevable aux clans. La soumission des enfants était très répandue, surtout dans le milieu rural, à Bastia on s'en tirait mieux. Mon épouse, originaire de Porto-Vecchio en Corse-du-Sud, avait subi des représailles familiales pour avoir osé refuser de voter Jean-Paul de Rocca Serra, le maire RPR sortant. Son père, fidèle soutien du chef de clan, avait coupé les aides matérielles, notamment le financement de ses études, et rompu tout lien. Imaginez le choc de la savoir en couple avec moi, un nationaliste, radical qui plus est ! Avec le temps, mon beau-père évoluera et deviendra très fier de son gendre.

La CSC comptait des centaines d'adhérents et sa structuration était efficace parce que formatrice. Engagé dans quatre mouvements, dont trois ont la particularité d'avoir été dissous (Action pour la renaissance de la Corse (ARC), Consulte des comités nationalistes (CCN), Mouvement corse pour l'autodétermination (MCA [1]) – la Cuncolta,

1. Mouvement corse pour l'autodétermination, vitrine légale du FLNC créée en octobre 1982 après la dissolution de la CCN.

elle, implosera), je certifie qu'aucun n'a connu un tel bouillonnement culturel. Chaque semaine, des réunions étaient organisées dans des résidences universitaires. Souvent, il s'agissait de conférences sur l'histoire de Kallisté. L'île était appelée ainsi par les Grecs puis les Romains. Sa traduction vous amènera à penser que le cliché « île de Beauté », dénoncé précédemment, a bel et bien une légitimité historique, puisque Kallisté signifie « la plus belle » ! Par nos exposés et nos débats, nous rattrapions un retard accumulé par des décennies de désinformation.

Mais notre priorité était la réouverture de notre université à Corte. Elle avait été fermée en 1769 après l'invasion de l'île par les troupes de Louis XV et l'arrivée des Français. Deux siècles plus tard, à part les autonomistes, nul n'en voulait. Les clans y étaient farouchement opposés. Droite et gauche étaient contre, jusqu'au puissant Parti communiste français qui ne suggérait qu'un centre d'études universitaires. Les plus réfractaires étaient ces élus et commerçants cortenais partisans du maintien de la Légion étrangère dans une citadelle naguère siège du gouvernement de la Corse indépendante. Il était bien hasardeux d'imaginer une telle cohabitation avec des étudiants nationalistes. Légion ou université, le choix était clair. Nous avions fait le nôtre.

Cette détermination fera la différence sur le terrain insulaire. De nombreux cadres du mouvement nationaliste ont fait leurs classes de militants à l'université de Nice, les cadres de la Corse actuelle feront les leurs, ensuite, à Corte. Difficile de concevoir, dans une société aujourd'hui désabusée, ne croyant plus à grand-chose sauf à la responsabilité de l'autre, l'engagement total de cette période romantique. Lorsque nous agissions, c'était par idéal, pas pour espérer des likes. Il n'y avait pratiquement aucune répercussion médiatique, presse, radio et télévision étant sous contrôle gouvernemental. Avant que, dans ce domaine aussi, il y ait des évolutions.

Le premier attentat auquel j'ai contribué, en 1974, contre un centre de vacances en Balagne, fut revendiqué par Ghjustizia Paolina. Les autres le seront, plus tard, par le FLNC, comme cette opération commando totalement irresponsable visant la caserne de la Légion étrangère à Corte. Nous savions, en posant une faible charge contre les murs de l'enceinte militaire, que ce serait symbolique. Le risque était, surtout, que notre escouade de soldats amateurs, dont j'étais de loin le plus jeune membre, se fasse tirer dessus par des sentinelles un tantinet mieux entraînées. Nous n'avions aucune arme et la mèche fit long feu. L'explosif fut découvert une semaine plus tard, provoquant un entrefilet dans la presse locale, juste au-dessous de l'annonce de la perte d'un animal de compagnie.

Un soir, affamés et en chasse d'une proie, nous eûmes l'eau à la bouche en apercevant le logo Roquefort sur un bâtiment cortenais. L'action ne pourrait être que savoureuse. Durant des décennies, les industriels aveyronnais ont déstabilisé notre civilisation pastorale, imposant leurs rythmes de production laitière. Ce pain de plastic était à la mémoire de ces pains de fromage exportés massivement pour être affinés dans leurs caves. Mes nombreux amis aveyronnais me pardonneront, et j'en profite pour affirmer que leur territoire est (presque) aussi beau que le nôtre. Comment pourrais-je oublier Saint-Chély en Aveyron où j'ai eu l'honneur de servir un aligot aux villageois en compagnie d'un colonel de gendarmerie ayant exercé dans l'île ? Nous avions tant de souvenirs communs. Au passage, soulignons qu'il faudrait s'inspirer du réalisme aveyronnais. La poste du village étant menacée, leur diaspora s'est mobilisée. L'ouverture de deux cents comptes évitera la fermeture. C'est plus efficace qu'une soirée culturelle…

La radicalisation de la jeunesse offrait de larges perspectives à un mouvement clandestin déjà dominateur. Les fondateurs du FLNC avaient redouté l'importance prise par l'action publique de notre mouvement de jeunes nationalistes. Se proclamant direction de la lutte, le Front de 1976 était plus militaire que politique. Ce qui n'a pas été sans susciter quelques tensions. J'eus à assumer la cruelle mission de bâillonner des compagnons galvanisés par l'impact de la parole.

Nous ne voulions pas aller au clash. Il fallait privilégier l'unité, investir l'organisation clandestine et contribuer à son évolution. Le mouvement qui nous avait permis, en août 1976, de dénoncer l'impasse réformiste s'autodissoudra. Une singularité : les autres dissolutions seront décidées en Conseil des ministres…

FLNC, l'époque romantique

Campile (Haute-Corse), dimanche 4 juin 1978. Voilà plusieurs jours que je me cache dans ce village situé à une quarantaine de kilomètres de Bastia. Les sympathisants qui m'ont pris en charge m'ont installé dans… les anciens locaux de la gendarmerie, ça ne s'invente pas ! Une longue colonne de véhicules militaires vient de passer en trombe devant mon refuge. Ils ont raté ma planque. Pourtant, le militant qui m'a balancé leur a fourni tous les renseignements. Je n'ai aucun doute, ils finiront par me trouver. Ce n'est plus qu'une question de minutes.

Ma première préoccupation est de profiter de ce répit pour enterrer mon pistolet dans un jardin attenant. Ensuite, je décide de raser ma barbe que je ne supporte plus (sans doute parce qu'elle contrastait trop avec ma calvitie naissante…) et de prendre une douche avant mon interpellation. Sept jours de garde à vue, sans avocat, c'est une épreuve qu'il vaut mieux appréhender le corps et l'esprit propres.

Quand les policiers font irruption dans mon repaire, je reconnais le commissaire Démétrius Dragacci, originaire de Cargèse. Sa présence est rassurante, il ne devrait pas y avoir de bavures. Tout se passe de façon civile. Policiers et gendarmes sont d'humeur badine, comblés par l'interpellation d'un jeune militant qui a participé à une conférence de presse entouré par la direction du FLNC. C'était le 26 mars 1978, dans la cave Depeille à Aléria, histoire de souligner une continuité dans la résistance. J'y étais à visage découvert, histoire de souligner notre détermination. C'est ce qui a motivé ma cavale. Le premier visage du Front était, ainsi, celui d'un simple étudiant de 24 ans, originaire de Venaco et Antisanti, né à Bastia et exilé à Nice. L'opinion était rassurée, il s'agissait bien de rebelles *nustrali* (« de chez nous »).

Cette interpellation à Campile permit d'évaluer mon degré de formation militante. Elle s'était produite lors d'une visite du président Valéry Giscard d'Estaing et quatre jours après la rafle d'une vingtaine d'autres partisans, dont certains subirent des sévices physiques. Des volées de gifles particulièrement : c'était toujours d'usage en ces temps encore plus barbares.

Le FLNC en était à ses balbutiements et, déjà, confronté à un grave dilemme philosophique et tactique. Les clandestins des années 1970 avaient, si j'ose dire, tranché : ils ne tueraient point. Leurs plasticages ne cibleraient que des locaux administratifs et, surtout, les banques. Le Crédit Agricole était à la mode. Il s'agissait, évidemment, d'une forme de violence. Ayant personnellement subi quelques attentats, dont celui visant notre maison familiale à Venaco, je sais le traumatisme suscité par une explosion. Mais le dosage était bien étudié, comme le souci d'éviter des dégâts collatéraux. Les individus étaient épargnés.

Il y avait un sacré paradoxe dans ce Front à l'affichage révolutionnaire tiers-mondiste, mais aux méthodes d'action limitées. Ses bases idéologiques étaient teintées d'un maoïsme en vogue à l'époque. Le sigle, fort prétentieux – F pour front, L pour libération, N pour nationale et C pour corse – renvoyait au dur combat des Algériens et de leur FLN. Un défi aux réalités. Certes, nous aurions pu nous targuer, comme l'avait précisé le Premier ministre Michel Rocard, en 1989 devant les députés, qu'il y avait eu plus de sacrifices humains, côté français, pour entreprendre la conquête de la Corse que pour celle de l'Algérie. Mais, depuis, de l'eau avait coulé sous le Ponte Novu, lieu de la défaite militaire de l'armée corse. L'île était effectivement colonisée, mais avec tact et subtilité. Particulièrement au plan individuel. Nous n'étions pas des sous-citoyens dépourvus de droits électoraux, mais plutôt des super-électeurs capables du miracle de la multiplication des bulletins de vote, y compris par celui de la résurrection de nos morts le jour des élections.

Comment ne pas avoir la nostalgie de ce FLNC-là ? Sa désorganisation m'avait inquiété durant ces longs mois à errer, constamment désœuvré et souvent isolé, sur les sentiers de la Haute-Corse. J'en avais eu un avant-goût lors de la tentative d'attentat qui avait déclenché des poursuites à mon encontre. Un ami avait sollicité le prêt de mon véhicule pour une action commando. « D'accord, mais tu te rappelles que je suis secrétaire général de la CSC, ma R12 cabossée, ce n'est pas ce qu'il y a de plus discret… vous ne pourriez pas en dénicher une autre ? » Sa réponse éclairait l'éthique du mouvement : « On va pas se rabaisser à voler une voiture, on est pas des voyous quand même ! »

N'étant pas prévu, j'avais remplacé, au pied levé, un militant indisponible. L'opération a tourné court. Alertés, les policiers bastiais y ont mis un terme avant que nous installions notre dispositif. Quelques mois plus tard, je serai jugé par les militaires et magistrats composant la Cour de sûreté de l'État. L'audience ne prit que quelques heures. J'avais demandé à ma quinzaine d'avocats de… ne pas plaider ! Et pourtant il y avait de sacrés ténors du barreau : Henri Leclerc, Patrick Maisonneuve, Antoine Sollacaro, Jean Maggiani, Vincent Stagnara, pour ne citer que les plus connus.

L'objectif bastiais de notre commando était des plus symboliques, le centre des impôts en construction, presque de quoi justifier deux circonstances atténuantes. Il devait être édifié face à l'école de Toga, ce lieu, à 200 mètres de mon immeuble, où l'on m'avait enseigné que Vercingétorix, Jeanne d'Arc ou Louis XIV étaient nos ancêtres.

Lorsque les policiers bastiais ont débarqué, prévenus par le concierge du groupe scolaire, ils haussèrent le volume de leurs échanges radio tout en actionnant les gyrophares. Ils avaient compris, après la découverte des bouteilles de gaz dans le coffre de mon véhicule, qu'il ne s'agissait pas d'un vol de chantier. Le concierge n'avait pas bien réalisé les enjeux. Il m'en parlera quatre ans plus tard, meurtri d'avoir enclenché un tel processus. Je l'ai rassuré et lui ai exprimé mes regrets pour les représailles qu'il avait subies. Elles furent indolores, un gros pétard, mais je n'avais pas apprécié qu'il fût stigmatisé par des militants du Front. Depuis ma cellule, j'avais fait passer le message. Les réactions affectives sont toujours contre-productives, on le déplorera souvent dans des dossiers bien plus graves.

Le centre des impôts fut donc construit. Pour être intégralement détruit quelques années plus tard par un de nos commandos plus aguerri.

Même en phase de tâtonnements, le FLNC comptait déjà des membres très politisés, en particulier pour tenir le choc répressif. Nous étions bien préparés avec comme livre de chevet *Le Guide du militant*, de l'écrivain et avocat Denis Langlois. Après avoir décliné son identité, il fallait systématiquement refuser de répondre pour ne surtout pas entrer dans la logique policière qui visait à nous faire parler et à dénoncer nos camarades. Le président de la Cour de sûreté de l'État soulignera d'ailleurs cette ténacité lors de mon procès. Cette éducation politique semble s'être étiolée au fil du temps, à voir la rapidité avec laquelle certains gardés à vue n'ont pas tenu psychologiquement, cédant, le plus souvent, à des pressions affectives avec l'arrestation de proches. Il faut malheureusement admettre qu'à notre époque aussi le choc psychologique d'une garde à vue musclée et sans avocat avait fait céder un bon pourcentage d'interpellés. « J'ai été balancé dans quatorze procès-verbaux ! » m'a appris, récemment, un ancien dirigeant activement recherché à la fin des années 1970. Face à mon étonnement, il m'a cité le nom des quatorze militants ; nous en avions quelques-uns en commun. Tous de braves patriotes, mais surtout en liberté.

Une fois esseulé dans le commissariat bastiais, après le transfert à Paris du gros des troupes, j'eus droit à différentes nuances tactiques lors d'interminables interrogatoires. D'abord des Corses, pour m'amadouer. Puis des Lyonnais, pour durcir le ton. Enfin, provocation suprême… des Parigots, pour essayer de me déstabiliser ! Je me souviens, avec dégoût, avoir refusé de consommer un sandwich au boudin, redoutant qu'il ne s'agisse d'un étron…

J'étais réellement persuadé qu'ils utiliseraient tous les moyens. Comme lorsqu'ils me firent circuler, sans menottes, dans les escaliers surplombant l'entrée principale. Je m'étais demandé si ce n'était pas volontaire, dans l'espoir d'une évasion pour me tirer dessus. La cinquième nuit, j'avais prévu de me fracasser la tête contre l'aspérité d'un mur de ma cellule s'ils venaient encore me chercher. Après de longues journées de pression policière, on devient paranoïaque. Et il n'était pas envisageable de balancer le nom des dirigeants qui m'entouraient lors de ma conférence de presse. Car c'était l'unique question qu'ils me posaient, tout aussi inlassablement que je refusais de leur répondre.

L'arrivée solennelle du procureur général ne m'avait pas impressionné outre mesure. Je l'avais volontairement tutoyé pour imposer mon tempo, le conviant à aller faire son cinéma ailleurs. Ils tentèrent alors un va-tout avec une quinzaine d'inspecteurs m'encerclant pour me bousculer dans un jeu où j'étais la quille. Le plus jeune faisait office de roquet. Il m'insultait, vociférant et postillonnant à quelques centimètres de mes oreilles. J'ai stoppé net sa simulation de rage par une simple interpellation : « Comment tu t'appelles, toi ? » Il accepta de répondre, lui, faute, sans doute, de disposer d'un manuel pour mener à bien des interrogatoires policiers. La tension chuta ; j'ai même surpris quelques sourires. Ils me ramenèrent dans ma cellule. À la fin de la garde à vue, celui qui avait tenté de me déstabiliser vint me saluer pour me dire « combien il aurait apprécié être mon ami ».

Si le « terroriste corse » était une nouveauté, de nombreux fonctionnaires savaient que de grands moyens étaient mobilisés pour le réprimer, alors que l'île était déjà infestée de voyous bien protégés. Bon nombre, d'ailleurs, étaient utilisés par le groupe barbouzard Francia pour plastiquer des autonomistes. Les frères Simeoni, des chefs d'entreprise sympathisants et l'hebdomadaire nationaliste *Arritti* furent visés par de lourdes charges d'explosifs. Le risque de tuer avait été assumé, à l'instigation et sous le contrôle du préfet Jean-Étienne Riolacci, futur conseiller de Giscard pour les questions de sécurité.

Je suis ingrat à l'égard de l'ancien président de la République. Comment pourrais-je oublier qu'il m'a sauvé la vie ? En 2006, dans son ouvrage *L'Indic et le Commissaire*, Lucien Aimé-Blanc, ancien directeur de l'Office central de répression du banditisme, raconte que fin 1978, un responsable de la PJ proche du Service d'action civique (SAC) et le patron des Renseignements généraux de la préfecture de police l'avaient contacté. Leur demande était précise : « Activer certaines de ses relations dans le milieu pour préparer des assassinats. » Le mensuel *Corsica* titrera sur « 5 hommes à abattre » avec les photos de Pierrot Poggioli, Alain Orsoni, Yves Stella, l'avocat Vincent Stagnara et la mienne. Selon Aimé-Blanc, un truand souvent utilisé par l'Organisation de l'armée secrète (OAS), Jean-Pierre Maïone-Libaude, était chargé de chapeauter les opérations. Le projet a été annulé par Giscard lorsqu'il en prit connaissance.

L'université et le terrain m'avaient renforcé dans mes convictions politiques. Un autre lieu s'avérera encore plus formateur.

Mes prisons…

Le surveillant me réceptionnant à la prison de la Santé n'en croit pas ses yeux. Les gendarmes de l'escorte me serrent la main et me souhaitent bonne chance. Les futures célébrités du GIGN, Christian Prouteau et Paul Barril, respectaient un jeune rebelle qui, durant sept jours d'interrogatoires intensifs, avait su résister. Ils m'avaient, peut-être, apprécié lors de mon exhibition sur le tarmac de l'aéroport de Bastia-Poretta face à l'escadron de gardes mobiles qui avait essuyé, la veille, un mitraillage. L'un des leurs avait été grièvement blessé. J'étais resté droit dans mes baskets de fugitif et avais soutenu leurs regards.

La première entorse au « Tu ne tueras point » d'un FLNC ripostant à la rafle bastiaise avait plombé l'ambiance lors de mon interrogatoire. J'étais menotté, assis face à un téléphone réellement rouge avec la menace d'un traitement plus musclé s'il sonnait pour l'annonce d'un nouveau mitraillage.

Ces officiers avaient dû noter mon étonnement sur un autre tarmac, lors de l'atterrissage à

Villacoublay, base aérienne militaire à 20 kilomètres de Paris. Évaluant le nombre de gardes mobiles et de véhicules qui m'attendaient, j'ai envisagé un long stage dans les geôles parisiennes. Effectivement, mon histoire carcérale sera longue, avec un circuit complet : la Santé, Fleury-Mérogis, Fresnes et Melun. En 1984, je parachèverai avec des escales, plus courtes, à Ajaccio et aux Baumettes.

Cette période de trente-neuf mois m'a finalement été profitable. Certes, j'y ai souffert. En particulier à la suite du décès de mon père Xavier, trois semaines après mon emprisonnement. Ancien sous-officier, gaulliste de cœur, il avait rapidement épousé notre cause. Les policiers avaient tenté de me déstabiliser en m'apprenant son hospitalisation lors de l'arrestation à Campile. Espérer me culpabiliser était méconnaître notre amour et notre complicité. Il sera solidaire et fier de son fils jusque sur son lit de mort, chuchotant mon nom de crainte de compromettre ma sécurité. Il était de cette vieille génération qui n'avait jamais imaginé un autre destin que celui d'une Corse française. Peu à peu, par solidarité, ou par prise de conscience, elle aussi a basculé dans le camp des révoltés.

Lorsque le garde des Sceaux, Alain Peyrefitte, s'est opposé à la décision du juge qui m'autorisait à assister à ses obsèques à Antisanti, je fus soulagé. Cela aurait été très compliqué. Dès l'instant où j'ai pénétré dans une cellule, j'avais bâti un autre monde. Mieux valait éviter les interférences avec le précédent. Surtout sur le plan émotionnel.

Je plains les innocents emprisonnés. J'étais comblé d'être un coupable. La geôle n'était plus une contrainte, mais un espace propice à l'enrichissement du corps et de l'esprit, une sorte de réalité virtuelle. J'y ai donc achevé mes études, obtenant une maîtrise de droit à la Sorbonne, une université où je n'ai jamais mis les pieds. J'ai le souvenir de ce professeur de droit de renommée internationale venant me faire passer un examen à Melun. Il me confia, avec une pointe d'émotion : « Monsieur Battesti, cela fait vingt-cinq ans que j'organise des oraux, mais c'est la première fois que j'ai le trac ! » Je l'avais rassuré, mais je crois que ma bonne note était tout de même méritée.

L'obtention d'un CAP d'employé de bureau m'a permis d'atteindre un niveau de dactylographe professionnel. Ce qui m'est toujours précieux, mon écriture manuscrite nécessitant l'aide d'un Champollion pour être décryptée. Je tape sur un clavier aussi vite que je pense, ce qui m'amène, parfois, à être proche de la transe, un état propice pour aller au fond des choses.

Et puis, il y eut la lecture. Si libératrice. Même si je n'avais pas encore lu Camus qui accélérera, par la suite, mon évolution. J'avais sans doute redouté son influence ; mieux valait demeurer un bon et discipliné soldat derrière les barreaux.

Fumant deux paquets de Gitanes sans filtre par jour, j'ai stoppé la fragilisation de mes cellules pulmonaires le lendemain même de ma condamnation à neuf années de réclusion criminelle, une façon de compenser avec quelques années de rab. Pour m'y engager solennellement, j'ai fumé une cigarette lors d'un parloir à Fresnes, proclamant que ce serait la dernière. J'ai tenu parole et m'en porte bien. La fierté peut être salvatrice.

Je pratiquais, enfin, du sport. Particulièrement du jogging dans notre cour du quartier politique à Melun. Qu'il vente ou qu'il neige, je tournais mécaniquement autour d'un petit bassin. Au moins une heure par jour et systématiquement dans le même sens, pour mieux m'évader dans mes pensées. Une fois, essayant d'aller dans l'autre direction, j'ai titubé et stoppé net une tentative si aventureuse. La routine est fondamentale, car très stabilisatrice en milieu carcéral.

Pour certains détenus, c'était poussé à l'extrême. Chaque dimanche, à onze heures tapantes, nous dirigions nos regards vers l'entrée de la cour, pour assister à une apparition. Pas celle de la Vierge Marie en ce jour du Seigneur, mais celle d'un ancien collabo ! Il nous saluait d'un vague sourire, avant de secouer son tapis et de s'éclipser. Tout était furtif dans ce spectacle où nous étions également des acteurs avec nos comportements rituels. Un collaborateur, toujours emprisonné en 1979 ? Il y en avait même plusieurs. La plupart avaient été condamnés à mort par contumace. Retrouvés après des années de fuite, ils sauvèrent leur peau par des commutations en des peines de perpétuité.

Si les Corses étaient majoritaires dans la prison, il y avait, en outre, des espions russes, bulgares ou français ainsi que des autonomistes bretons. J'ai longuement disserté sur mon parcours carcéral dans mon premier ouvrage[1], j'éviterai les redondances. Mais, en l'espèce, je ne peux occulter une intense expérience humaine pour le profit, je l'espère, de nouveaux lecteurs.

Suivez donc mon cours d'anthropologie, avec deux spécimens rares : à ma gauche, le héros de la Résistance, le colonel Georges Beaufils, à mon extrême droite le chef du Parti populaire français à Grenoble, Jean Barbier. Difficile de faire plus contrasté. L'emprisonnement du second, tortionnaire des maquisards du Vercors, est, c'est le moins que l'on puisse dire, logique. On a, par contre, du mal à imaginer la situation du premier, le légendaire colonel Drumont de son nom de guerre, signataire pour le PCF de l'acte de naissance des Forces françaises de l'intérieur (FFI) ! Son idéal communiste l'avait amené, tout bonnement, à être un espion du KGB. Le jugement à leur égard des autres détenus politiques est encore plus surprenant. Trente-trois ans après la fin du conflit, l'ignoble traître à la France était affable.

1. *La Vie par-dessus tout*. www.leobattesti.com.

Bricoleur et cuisinier, il s'avérait précieux. Le valeureux combattant de la liberté était insupportable, se lamentant sans cesse. J'étais l'un des rares à communiquer avec lui. Il m'a d'ailleurs beaucoup appris sur l'Occupation. Cette grande leçon de vie m'a incité à reconsidérer certaines approches binaires. L'environnement façonne les individus et la prison fonctionne comme un puissant accélérateur de particules. L'expérience fut instructive.

Les tensions au sein de notre groupe d'une vingtaine de détenus du FLNC ont été encore plus édifiantes sur la nature humaine. Les comportements semblaient paradoxaux. Plus un militant avait été actif et courageux sur le terrain militaire, plus il souffrait de l'incarcération. Ceux qui résistaient davantage étaient généralement les plus jeunes, moins expérimentés, mais plus politisés.

Mois après mois, nos relations se sont dégradées. Mon parcours m'avait façonné pour être un radical en dépit de mes interrogations existentielles. J'étais un authentique gardien du temple, défendant, bec et ongles, la direction du FLNC, particulièrement lorsque la situation semblait tourner à son désavantage. J'affirmais que ce n'était pas le combat extérieur qui avait changé, mais nous-mêmes, conviant les détracteurs à se demander si, libres, ils critiqueraient de la même façon. Mais c'était peine perdue et ne faisait qu'accroître les divergences et les conflits. La perte d'une conviction est plus oppressante que les murs. La perspective d'années d'incarcération est insupportable pour ceux qui n'y croient plus.

Cela ne pouvait que dégénérer. Alors que notre unique repas en commun de fin d'année, en 1979, avait été chaleureux, celui de 1980 fut glacial. Ce n'était plus les mêmes hommes autour de la table. Les mets n'avaient plus de saveur. Nous ne nous regardions plus. Nous ne communiquions plus. Nous ne parlions plus, si ce n'est par onomatopées entre membres du même groupe.

J'avais peur, toujours sur mes gardes. Être le leader des loyalistes suscitait, par la force des choses, une haine spécifique. J'étais échaudé, ayant déjà eu, avant les procès, une bagarre à Fresnes. J'avais fermement insisté pour le respect d'une ligne dure avec le refus de défenses individuelles. La nouvelle direction du FLNC m'avait transmis une consigne à laquelle j'adhérais pleinement. Il y avait eu des réticences et pas que de militants de base. Mais le réel courage est celui de surmonter les peurs. Ils assumeront, presque tous, un procès de rupture exemplaire et d'une grande rareté.

J'avais manifesté encore plus de dureté avec une délégation d'avocats qui réclamaient de traiter les vingt et un prévenus au cas par cas. Je me suis dressé sur la table de notre parloir, pointant du doigt l'instigateur du sabotage de notre ligne de défense globale et de rupture. Ses confrères avaient bien réagi, sensibilisés par mon argumentation. Nous n'aurons plus de nouvelles de l'avocat contestataire. Nous avions toujours eu des soupçons à son endroit.

Professeur de droit, il avait la réputation, avant la montée en puissance du syndicat CSC, de saquer les étudiants corses. Puis, renversement de tendance, sa notation devint extrêmement généreuse et complaisante avec ces mêmes étudiants. J'en avais d'ailleurs bénéficié. De surcroît, il manifestait ouvertement de la sympathie pour notre combat, ce qui était exceptionnel chez les enseignants à cette époque. C'était étrange, il en faisait trop. Nous ne serons pas surpris de son identification, en 1982, comme auteur des communiqués d'un éphémère mouvement de barbouzes de gauche. Peut-être était-il déjà en mission à Nice puis à Melun ; cependant, nous n'en avons jamais eu la preuve.

Progressivement, deux groupes s'étaient constitués. Une dizaine de prisonniers avaient sollicité un transfert dans un autre centre de détention du sud de la France. Nous avions fermement appuyé la demande auprès de l'administration pénitentiaire, indiquant qu'un refus trahirait leur volonté d'aboutir à des affrontements. Nous serons soulagés par leurs départs, quelques semaines plus tard. Pour éviter d'autres crises, une réunion hebdomadaire permettra de crever tous les abcès. Il est remarquable que ces tensions n'aient laissé aucune trace. Lorsque nous nous sommes retrouvés en liberté, notre fraternité était intacte. Nous avions compris que chacun avait une part de vérité.

Dans la rubrique des satisfactions carcérales, j'ai gardé le meilleur pour la fin : la pratique des échecs. La prison m'aura permis de partager, à partir de 1996, cette passion avec des dizaines de milliers de jeunes insulaires. La Corse est désormais le territoire au monde où il y a le plus de pratiquants par habitant. Le développement massif de ce sport a eu lieu grâce à ma première nuit d'enfermement à la Santé. Il me fallait les bras de Morphée, exténué par une si longue garde à vue. Mais je n'y parvenais pas, dérangé par d'incessants bruits à la fois secs et réguliers. J'ai failli replonger dans ma paranoïa bastiaise, en imaginant qu'on me persécutait pour m'empêcher de dormir. Le lendemain, un détenu politique breton m'a expliqué que deux espions du KGB jouaient aux échecs. Ils utilisaient le code Morse, en tapotant sur les barreaux pour indiquer le déplacement des pièces.

Du coup, je ne râlais plus, réalisant que cette passion allait me soulager. Une autre divinité grecque, Caïssa, la déesse des échecs, m'a ainsi dorloté durant ma captivité.

4

Dérives et ruptures

Fuite en avant…

Je me tais.

Mon silence équivaut à une sentence de mort. Nous sommes une dizaine de délégués du Cunsigliu, la direction du FLNC, réunis dans un village du centre de l'île. Je n'ai pas eu le courage de m'opposer à la farouche détermination d'un dirigeant à protéger sa propre existence menacée par le « prévenu ». Ici, on ne juge pas à charge et à décharge. On ne juge que des décrétés coupables. La présomption d'innocence n'a pas sa place. Notre loi, implacable, dispose de la légitime défense préventive du code pénal révolutionnaire. Il n'y a pas d'avocat, l'accusé n'est pas là pour se défendre et aucun appel n'est possible. Le vote est consensuel et qui ne dit mot… Ce sera la peine capitale. La « justice » a rendu son verdict. Les bourreaux peuvent appliquer la sentence. Il y aura, rarement, de communication officielle ; de nombreux assassinats comme celui-ci ne seront jamais revendiqués.

Lors d'un procès du même genre, un autre soir, une autre nuit sombre que ma mémoire refuse d'oublier, j'ai émis des réserves sur la nécessité d'exécuter un individu également présenté comme étant dangereux pour l'un de nos responsables. J'avais espéré que mes doutes évitent une nouvelle mise à mort et que le dossier soit enterré. En vain. Ce ne fut qu'un simple report, la menace s'étant précisée. Dès lors, il m'était impossible d'assumer le risque, réel, que le militant ciblé meure à cause de mon indécision. À nouveau, je me suis tu. À nouveau, le vote fut unanime. À nouveau, le verdict fut implacable. À nouveau, la sentence fut exécutée. Le condamné a été abattu quarante-huit heures après que la « cour » eut rendu son délibéré.

Mon hostilité à la peine de mort aurait dû m'amener à rompre avec une organisation usant de l'assassinat comme méthode, aussi bien pour éliminer un danger que pour placer l'État sous pression en visant des militaires. Le seul fait de siéger au Cunsigliu signait mon adhésion. En bon soldat, j'avais étouffé toutes autres considérations. Parmi nous, il n'a jamais été envisagé de traitements moins radicaux. Légitimer ce type de décisions a engendré une accoutumance pernicieuse. La banalité du crime, comme aurait dit Hanna Arendt… Nous étions devenus des tueurs pris au piège d'un vertige mortifère, d'un engrenage macabre auquel nous ne savions, ni ne voulions mettre un terme. Encore aujourd'hui, près de quarante après, cela hante mes nuits. Et je n'ai pas tout dit... Et je ne dirai pas tout.

Je me suis toujours accroché au réconfort d'avoir parfois sauvé la vie de chefs de clan ou de quelques dissidents. Heureusement, d'autres dirigeants du Front y ont contribué qui ont su trouver, à certains moments, le courage de s'opposer à des condamnations capitales.

Après toutes ces années de sang et de larmes, je me réjouis que François Giacobbi, chef du clan homonyme et « roi » du nord de l'île de 1959 à 1992, et que son équivalent au sud, Jean-Paul de Rocca Serra, surnommé le « renard argenté » en référence à ses cheveux blancs, qui régna sans partage de 1952 à 1998, se soient éteints dans leurs lits. Il s'en fallut de peu, tant la tension était forte, qu'ils tombent, eux aussi, sous le coup de nos peines capitales. Je subodore qu'ils ont également dû, quelques fois, tenir leurs troupes. Car les occasions n'ont pas manqué...

Ainsi, au milieu des années 1980, nous avons frôlé la guerre civile avec la création de la Corse française et républicaine (CFR). En 1984, des milliers d'antinationalistes défileront contre nous, à l'appel des clans. « L'ordre civil doit régner sur l'île », « Sus au séparatisme et au terrorisme », « Oui à la Corse française et républicaine », tels étaient leurs slogans. Les manifestants n'avaient pas fait mystère de leur revendication : « Poggioli, Battesti, Orsoni, à Fleury », scandaient-ils en descendant le cours Napoléon, artère névralgique qui traverse le centre-ville de bout en bout et abrite notamment le palais Lantivy, siège de la préfecture de Corse.

La tension était forte dans une période marquée par un nombre important d'assassinats politiques souvent non revendiqués. Me consacrant uniquement à sa vitrine légale, je faisais confiance à ceux qui dirigeaient le FLNC. Parmi ces assassinats figuraient des continentaux, membres actifs de la CFR. Je suppose que le Cunsigliu de l'époque avait donné son feu vert en évitant, scrupuleusement, que des Corses ne soient ciblés. Un « Français », on peut le tuer plus facilement, c'est beaucoup moins risqué, ils sont si *fora di cultura*[1]... Dominique Bucchini, l'ancien président communiste de l'Assemblée de Corse, m'a raconté que Claude Érignac avait prédit à sa femme que, s'il lui arrivait quelque chose, « Dominique serait l'un des rares élus à venir [la] consoler ». Cette prédiction lui fut rapportée par la veuve Érignac, le soir de l'assassinat du préfet. Il était, effectivement le seul élu à ses côtés.

Dans le rapport de force avec la CFR, cela aurait pu dégénérer en un scénario à l'irlandaise. On aurait compté les morts et la Corse aurait pleuré ses fils. Nous aurons l'intelligence d'éteindre le conflit. En 1987, une rencontre entre

1. Hors-sol.

notre MCA et les responsables de CFR a permis de sceller la paix. Cela s'est terminé par une accolade dans l'appartement d'un journaliste de FR3 Corse, Jacques Bastianesi. Le baiser de la mort : la Corse française et républicaine avait vécu.

Si, à travers mon récit, je vous parais plus modéré, et donc moins implacable que d'autres, ne vous fiez pas aux apparences. Plus on est sincère et déterminé dans ses convictions politiques, plus on est dangereux. Cela s'appelle le fanatisme.

Pour souligner cette fuite en avant, je vais vous raconter cette histoire que j'ai censurée dans mon précédent livre. J'avais remis une copie de ce chapitre à quelques proches, dont des responsables politiques, afin qu'ils me fassent part de leurs impressions. L'un d'entre eux me téléphona à une heure tardive, fort inquiet : « Ne publie pas ça, Léo, ça va nous porter tort, c'est trop dur, on va se dire “s'ils sont capables de cela”... Tu vas faire peur... » Il m'a convaincu. Mais cette fois-ci, je ne peux pas me laisser brider par ce genre d'argument. Mon but est d'illustrer ma descente aux enfers pour espérer en éviter d'autres. Et puis, le temps a passé, il a fait son œuvre, qui n'excuse rien mais apaise un petit peu les consciences. Je vous raconte donc...

En 1986, le Front avait créé une entreprise de transport de fonds, Bastia Securità. L'initiative avait un double intérêt : économique d'abord et politique ensuite. Qui mieux que le FLNC pourrait protéger les banques corses des attaques à main armée menées par des gangsters ? Or un malfrat avait osé s'en prendre à notre société. Il avait organisé des repérages afin d'intercepter l'un de nos fourgons pour s'emparer de sa marchandise. Notre riposte devait être à la mesure de l'affront : liquider ce personnage. Nous constituons un commando de quatre membres : deux hommes et deux femmes avec cagoules, gants et armes. Au moment de « monter » sur notre cible, je vérifie que mon colt est bien chargé. Comme dans un scénario d'un film de série B, alors que nous nous apprêtions à partir, notre informateur nous alerte : se sachant poursuivi par le Front, le voyou a pris la poudre d'escampette. Je n'ai donc pas ce meurtre sur la conscience, mais j'ai pu mesurer jusqu'où nous étions et jusqu'où j'étais capable d'aller. Pire encore… plus que la volonté de régler son compte à un gangster, notre mission consistait à montrer notre puissance en interne, histoire de prouver notre détermination et d'équilibrer des rapports de force au moment où ça commençait à tanguer. Quel qu'en soit le prix, fût-il celui de la vie d'un homme.

Quelque temps après la scission du FLNC – sur laquelle je reviendrai –, j'ai fait prendre, par la direction de la branche Canal habituel[1], une

1. Deux branches naîtront de la scission du FLNC en 1991 : le Canal habituel et le Canal historique.

décision que je savais risquée pour la vie humaine. Le 29 mai 1991, à 12 h 30, 80 kilos d'explosifs disposés dans un véhicule garé dans le parking souterrain du conseil général ont soufflé le bâtiment situé à quelques mètres de la préfecture bastiaise. Bien qu'une alerte à la bombe ait été lancée, accompagnée d'une distribution de tracts incitant les rares fonctionnaires présents à quitter les lieux – nous avions choisi le moment de la pause déjeuner –, un attentat d'une telle ampleur était clairement périlleux. Même si le responsable du commando n'actionnera la commande qu'après avoir eu la certitude qu'il n'y avait plus personne, n'oublions pas que les dégâts étaient tels qu'il faudra une reconstruction intégrale.

Nous avions voulu, une fois de plus, faire d'une pierre deux coups : cibler notre ennemi préféré, l'ancien président de l'institution François Giacobbi, et affirmer une suprématie militaire par rapport à l'autre Front. Quant à l'État, ayant rencontré à Paris des émissaires du président, j'avais tenu à les rassurer en les invitant à « considérer cela comme un traitement homéopathique de la violence en Corse ». L'humour au service de la diplomatie...

D'une manière générale, les discussions les plus délicates, au Cunsigliu, tournaient autour de l'élimination d'opposants nationalistes. Toutefois, chacun d'entre nous disposant d'un droit de veto, l'épuration fut systématiquement rejetée. Mais le seul fait d'en débattre en disait long sur l'amorce d'un processus qui aboutira au plus important des règlements de comptes d'une histoire insulaire pourtant riche en la matière.

La guerre entre les deux Fronts, le Canal habituel et le Canal historique, fera rage. De 1993 à 1996, une vingtaine de militants seront abattus de part et d'autre. Ils s'étriperont alors qu'ils défendaient le même idéal. J'en ai les larmes aux yeux en relatant ce pathétique constat. Comment ai-je pu contribuer si longtemps à ce naufrage collectif ?

J'avais annoncé le risque de cette guerre intestine lors de ma démission du Mouvement pour l'autodétermination (MPA), et donc de sa branche armée, le Canal habituel, le 12 octobre 1992. J'avais appelé à la dissolution de toutes les organisations clandestines et au respect de l'État de droit « au moment où s'installe la loi de la jungle, le nier c'est l'abandon de toute vie en société. Et n'allons surtout pas, une fois de plus, nous dédouaner en cherchant les raisons dans une mafia venue d'Italie. La mafia, elle est en nous-mêmes, dans notre incapacité à nous prendre en charge, à exiger la transparence, la démocratie, les avancées sociales… donnant ainsi libre cours à tous les appétits individuels ».

Après cette démission préjudiciable pour ceux de mon camp et vécue comme une aubaine par ceux du camp opposé, j'avais au moins réussi l'exploit de mettre les deux FLNC d'accord sur ma personne. Un journaliste italien spécialiste du dossier corse m'en avait fait la remarque : « C'est incroyable, Léo, quand je suis venu il y a un an, tu étais couvert de louanges par tous les nationalistes, aujourd'hui ils sont tous braqués contre toi ! »

Isolé comme jamais je ne l'avais été, même si la plupart des cadres politiques bastiais avaient aussi démissionné, j'ai rarement autant craint pour ma sécurité que durant cette période. J'avais raison de me méfier. La menace n'a pas tardé à prendre forme et les plans dressés pour l'embuscade censée m'éliminer vite mis au point. Premier signal : mon superbe Magnum .357, qui était rangé dans un placard du local bastiais du MPA, disparaît mystérieusement. Cela ne peut être que l'acte d'un proche, fréquentant souvent les lieux et qui connaît les habitudes de chacun d'entre nous. Sans doute un militant, comme celui qui, pendant plusieurs jours, m'a suivi en notant scrupuleusement mes horaires de déplacements.

Mon exécution était prévue lorsque je garerais ma voiture sur le parking de mon immeuble, résidence Fior di Macchia à Bastia. Fort heureusement pour moi, l'un des membres du groupe chargé de cette basse besogne a refusé de continuer. Il a prévenu un dirigeant du Front qui a illico ordonné à l'instigateur d'interrompre ce funeste projet. D'autres seront moins chanceux.

A maffia nò

Durant tout mon engagement clandestin, j'avais écarté toute approche humaniste. Pour décrire l'affaissement éthique que je dénonce, nul besoin d'aller fouiner ailleurs. Mieux vaut m'exposer que livrer en pâture d'anciens frères d'armes. Nous étions tous si monstrueusement sincères et désintéressés. Et légitimes, comme tous les guerriers. Les rapports de force détermineront le narratif : on parlera, *in fine*, de terroristes ou de résistants. Et puis cibler un individu, est-ce moralement plus blâmable que d'ordonner le tir de missiles depuis un palais présidentiel ?

On peut s'abriter derrière un tel argument. Néanmoins, je pense plutôt à cette phrase d'Hanna Arendt, une nouvelle fois : « Ceux qui optent pour le moindre mal tendent très vite à oublier qu'ils ont choisi le mal. »

Remise en question

Nos condamnés étaient rarement des inconnus. Le traumatisme n'en est que plus profond. Je revois ces visages de personnes que, parfois, j'avais fréquentées à travers des manifestations, des soirées culturelles ou autour d'un verre. Il m'est même arrivé, comme dans ces scènes de séries sur la mafia, d'aller à des obsèques de victimes directes ou collatérales et d'y présenter mes condoléances. Comment voudriez-vous que j'oublie tout cela ?

Faut-il entrer en repentance ? Sans aucun doute, quand je me remémore, avec émotion, toutes ces cibles ennemies, militaires et civiles, ou ceux tombés dans nos rangs, ces *fratelli*[1] qui ont sacrifié leur confort et dans certains cas leur existence. Je me console en estimant qu'ils ont agi, toutes proportions gardées, comme ces valeureux Ukrainiens dont Moscou nie le peuple comme Paris a toujours nié le nôtre. Ils auraient pu ignorer cette petite guerre à la mesure de notre territoire. Mais ils s'y sont engagés quand tant d'autres

1. Frères.

étaient résignés, indifférents ou hostiles. Rares éveillés d'un système anesthésiant, ils ont pris le risque d'y perdre la vie ou de sacrifier celle de leur ennemi.

Depuis 1975, au prorata de nos habitants, cette centaine de morts, ces six cents prisonniers et ces cinq mille attentats sont les signes d'un conflit d'importance. Appliqués à la population globale française, ces chiffres représentent vingt mille morts, cent vingt mille prisonniers et un million d'attentats, ça donne à réfléchir !

Quoi qu'il en soit, il n'y a pas de hiérarchie à établir face à la mort. Toutes sont insupportables, qu'il s'agisse de celle du préfet Claude Érignac ou celle d'Yvan Colonna. Ou celle de ce jeune militant, Jean-Pierre Duriani. Lorsqu'il avait 18 ans, il était si fier d'être aux côtés du mythique Pierre Albertini, la trentaine et un physique de héros de blockbuster.

Nous étions un groupe de militants attablés dans un café. L'adolescent était émerveillé par les récits de son modèle de guerrier. À 200 mètres de là, en août 1995, six ans plus tard, son idole ripostera à l'attaque du commando du FLNC historique que ce jeune homme avait intégré. Pierre fera face à ses assaillants et abattra celui qui le vénérait tant, avant de périr, à son tour, sous le feu nourri de ses adversaires.

Je m'attablais fréquemment sur la terrasse d'un bar de la rue Abattucci, théâtre de la fusillade. J'y avais déjà croisé Pierre, celui qui était devenu le chef militaire du Canal habituel, un mois avant son assassinat. C'était le 26 juillet 1995, en milieu d'après-midi, quelques instants après l'exécution de Vincent Dolcerocca, un grand gaillard barbu, secrétaire de la Cuncolta. Le militant du FLNC historique venait de s'écrouler sous les balles tirées par le passager d'une moto. Les paroles de Pierre Albertini, lors de ma brève rencontre, resteront gravées dans ma mémoire : « Il paraît qu'il y a un barbu qui vient d'être tué… » Il me l'annonça tel un chasseur fier d'avoir atteint sa proie. Nous avions partagé tant de secrets, après la scission du Front, qu'il semblait comblé de me donner la primeur de l'information avant de se rendre, à quelques pas de là, dans son café traditionnel situé le long de l'immense place Saint-Nicolas. Un rituel qui le perdra. Les familles de Pierre et de Jean-Pierre déposeront longtemps leurs bouquets sur les lieux de la fusillade. Front à front, chaque 30 août.

Mon athéisme ne m'interdit pas d'imaginer la vingtaine de victimes de cette guerre fratricide lors de leurs retrouvailles, sans doute, au purgatoire. Se demandent-ils comment ils avaient pu en arriver là ? Ils vivaient à la même époque dans une île si lumineuse. Ils étaient les enfants d'un minuscule peuple et les rares locuteurs d'une langue à l'agonie. Ils s'étriperont alors qu'ils défendaient le même idéal patriotique. Si le respect de la vie avait été sacralisé, ils seraient toujours parmi nous à profiter d'un pays au si fort potentiel. Si nous avions été plus humbles face au défi en ne mobilisant que des bataillons de juristes et de lanceurs d'alerte, nous aurions été bien plus efficaces, offrant notre énergie au service du bien commun. Nous aurions permis à des milliers de femmes et d'hommes de notre terre de participer réellement à une construction nouvelle. Cela aurait garanti de véritables avancées alors que nous les avons assistés, à notre manière, par une force guerrière qui les a relégués au rang de spectateurs ou de supporters à l'occasion de manifestations.

On me rétorque souvent : « Heureusement qu'il y a eu les bombes, sinon nous croulerions sous le béton comme la Côte d'Azur. » Ah bon ? Avons-nous empêché la prolifération des résidences secondaires dans l'extrême Sud, au point qu'il y en a plus que d'habitants : quarante-trois mille résidences pour quarante et un mille habitants ? Avons-nous empêché que des projets spéculatifs blanchissent l'argent de la pègre en utilisant, bien souvent, des nationalistes comme prête-noms ou vigiles ? Nous l'ignorions ? Avons-nous empêché que des mafieux italiens aient nourri tous les FLNC pour que l'on puisse bronzer sereinement dans l'île de Cavallo ? Ne serait-ce que pure propagande coloniale ? Ah bon ?...

Cette dernière interrogation me permettra d'éclaircir davantage la situation... Si je démens catégoriquement la légende des valises de liasses de billets livrées par Pierre Joxe au FLNC en 1988, je confirme, en revanche, l'intervention de la mafia italienne. En 1991, après la scission, Lillo Lauricella, un intermédiaire mafieux abattu en 2002 au Venezuela, a arrosé le FLNC. Jacques Follorou a révélé dans *Les Parrains corses*[1], écrit avec son confrère Vincent Nouzille, que Lauricella a joué un rôle de prête-nom pour Franco Pellegrinetti, l'un des piliers de la pègre romaine, la bande de la Magliana. Follorou cite sa source : « Selon le ministère public italien, entre 1988 et 1992, l'île bénéficie de près de 500 millions de francs de financements divers, dont plus d'un tiers sont d'origine douteuse. »

Pour ma part, je récupérerai la moitié de la somme versée au Canal habituel, une grosse liasse de billets (l'équivalent de 40 000 euros). J'en déduis que la mafia avait déjà dû consacrer 160 000 euros aux deux mouvements clandestins. Décidément, je reviens de loin…

1. Fayard, 2009.

Règlement de comptes

L'argent sale de la mafia italienne servira donc, en partie, à investir dans du matériel de propagande. J'étais directeur de *Paese*, hebdomadaire de quarante pages du MCA. La scission du FLNC avait, mécaniquement, provoqué celle de sa vitrine légale ; les « Historiques » conservèrent la Cuncolta et nous avons créé le MPA. Les 40 000 euros me permettront de négocier, à Nice, l'achat d'une presse offset d'occasion avec un revendeur de la région. Nous l'avions installée dans le garage de la famille d'un militant à Biguglia. Un sympathisant s'était improvisé imprimeur ; ce fut une catastrophe technologique intégrale. Après quelques numéros, nous avons dû passer par un professionnel ajaccien. Bien mal acquis…

Le combat pour le contrôle du matériel de propagande sera très périlleux. Particulièrement lors de ce face-à-face, le 29 novembre 1990, d'une soixantaine de militants armés dans une rue bastiaise, siège de la société coopérative de production Scritti, dont j'étais le gérant. L'entreprise assurait la sortie de tous les supports de communication de la Cuncolta. Tracts, affiches, journaux, etc. Et même si son équipement technique était devenu obsolète, en conserver la maîtrise constituait un enjeu de pouvoir pour l'un ou l'autre camp. Un combat de coqs pour une sorte de trophée.

Ce soir-là, nous sommes donc cinq dans les locaux de la Scop[1]. La nuit commence à tomber en cette après-midi de fin d'automne, lorsqu'un individu tapote contre le rideau de fer comme s'il voulait éprouver sa résistance, avant d'essayer de forcer son mécanisme. Ils sont une trentaine du Canal historique. Armés, ils cherchent à pénétrer dans le local afin de s'emparer du matériel. Celui qui, le premier, a tenté de forcer le rideau, un ancien légionnaire, était un ami. Quelques mois auparavant, nous avions passé, avec nos épouses, une journée à bord de son voilier, à naviguer le long des côtes du cap Corse. Une de ces belles journées dont on cultive le souvenir pour l'évoquer à l'occasion pendant des années. Mais cette fois, il n'est pas question de convoquer ces bons moments. Barricadés derrière le rideau, nous tenons le siège. Des amis sont déterminés à s'affronter, deux frères aussi, la peur au ventre et le doigt sur la gâchette, prêts à ouvrir le feu.

1. Société coopérative et participative.

Si besoin, nous l'aurions fait sans la moindre hésitation. Le face-à-face va se prolonger pendant près d'une heure jusqu'à ce que la cavalerie arrive, en provenance de plusieurs régions de Corse, particulièrement d'Ajaccio.

À peine débarqué, un Ajaccien du Canal habituel, Jean-Pierre Leca, avait tracé une ligne au sol devant nos locaux, menaçant d'abattre quiconque la franchirait. La tactique sera efficace. Tant mieux. Je serais hypocrite de taire le soulagement que nous avons éprouvé, car cela aurait pu se terminer en carnage.

Nos renforts étaient arrivés à temps grâce à l'alerte émanant d'une « taupe » en contact avec des militants ajacciens. Cet infiltré le paiera de sa vie. Pour désigner le « traître » aux tueurs, un partisan du Canal historique, assis à sa table, allait se lever en face de lui, puis s'écarter pour laisser la place aux bourreaux… On apprend vite les techniques mafieuses quand on estime être en guerre. Il est indéniable que si l'inverse s'était produit, le Canal habituel aurait certainement réagi avec une même férocité. La mort rattrapera, aussi, certains des protagonistes. Ainsi, Jean-Pierre Leca sera l'une des premières victimes de la guerre intestine, exécuté à Ajaccio en février 1995.

Cette confrontation a donc duré plus d'une heure, à 400 mètres du commissariat central.

Serait-il excessif d'imaginer que des consignes avaient été données pour que l'on puisse s'entre-tuer sans entrave ?...

Cet épisode restera comme l'un des moments les plus intenses de ma vie. J'en ai encore des frissons. Aucun des belligérants ne s'en remettra. Si un coup de feu avait été tiré d'un côté ou de l'autre, la situation aurait sombré dans le chaos. Un miracle a eu lieu ce soir-là... rue Notre-Dame-de-Lourdes.

Le lauréat du prix Goncourt 2012 Jérôme Ferrari, qui s'était porté courageusement à notre secours, écrira dans la préface de mon premier livre : « En tant que militants, nous sommes tous responsables de tout ce qui s'est passé alors, ne fût-ce que parce nous y avons consenti, et rien ne nous déchargera de cette responsabilité. »

J'ai compris, à travers ces premières escarmouches, que nous n'étions pas près de sortir de l'auberge. La scission s'était produite sur l'illusion d'une rupture idéologique entre pragmatiques, les « Habituels », et fondamentalistes, les « Historiques ». Ce sera plus prosaïque. Comme dans la plupart des crises politiques, il était question de domination et d'ego. Mais de contrôle économique surtout, ce qui ne m'avait même pas effleuré l'esprit à ce moment-là...

Quelques semaines avant cette confrontation pour la Scop Scritti, la fièvre avait grimpé de manière alarmante. J'ai encore en mémoire le souvenir de cette assemblée générale extraordinaire tenue à Migliacciaro, sur la Plaine orientale, en octobre 1990. Ce fut un véritable cauchemar, avec autant de calibres que de participants invités au rassemblement d'un supposé mouvement légal ! À plusieurs reprises, les débats, d'où suait la haine, faillirent se transformer en bataille d'artillerie. C'est là qu'a eu lieu la scission de la vitrine légale Cuncolta qui engendrera celle du Front.

Au niveau clandestin, la tension était déjà vive dans la région ajaccienne entre le secteur V d'Alain Orsoni et le secteur G de François Santoni. Pour une large part, l'affrontement est né de leurs ego respectifs : ils revendiquaient le pouvoir et ne pouvaient envisager son partage. Derrière ce combat de chefs, il y avait un conflit d'intérêts lié à l'impôt révolutionnaire que des secteurs du FLNC prélevaient de plus en plus fréquemment de façon autonome et forcément suspecte. À ma connaissance, le seul impôt qui rentrait dans les caisses centrales du Front était celui du Club Méditerranée, en lien direct avec Gilbert Trigano, son fondateur.

La cible du secteur V était le maire de Propriano, une commune touristique du sud.

Émile Mocchi avait été enlevé et une somme importante lui avait été soutirée. Santoni et ses hommes reprochaient à Alain Orsoni d'avoir confisqué l'argent sans que le Front en voie la couleur.

Avec Charles Pieri, dont je vous parlerai plus longuement par la suite, nous sommes délégués par l'ensemble des secteurs de la région bastiaise qui s'étaient réunis en mini Cunsigliu chez moi à Venaco. Nous nous sommes efforcés d'éteindre l'incendie avant qu'il ne se propage. Nous organisons une sorte de médiation en rencontrant, séparément, les deux groupes en conflit pour calmer les esprits et ramener un peu d'ordre. En vain. Alain Orsoni et ses troupes rejettent les accusations. Une fois de plus, il s'en fallut de peu pour que, de part et d'autre, on se tire dessus. Le futur chef du FLNC Canal habituel et lc futur chcf du FLNC Canal historique sont repartis, chacun de son côté avec son armée.

Très vite, les répercussions se sont fait sentir à l'intérieur de l'organisation. Cette crise a scindé Front et Cuncolta en deux. Quelques semaines plus tard, début août 1990, lors des Journées internationales de Corte[1], le grand rassemblement annuel des sympathisants de la Cuncolta, la

1. Réunion d'organisations indépendantistes et autonomistes du monde entier organisées depuis 1981 à l'initiative des mouvements nationalistes corses.

fracture apparaît au grand jour. Cette année-là, un profond malaise plombe l'ambiance sous le chapiteau de Corte. Nous devrons voter pour savoir qui représenterait le mouvement à la tribune pour un débat avec le PS devant deux mille personnes. Une majorité acceptera la participation d'Alain Orsoni.

Les futurs Historiques prendront plusieurs initiatives pour me séduire. Ils pensaient que j'allais me considérer en situation idéale pour m'imposer publiquement au niveau politique en marginalisant Alain. Un soir, à Bastia, on sonne à ma porte. C'est François Santoni et un de mes proches qui viennent chercher mon ralliement : « Nous sommes tous derrière toi, tu seras notre leader », me promet-il. J'ai comme l'impression d'être le corbeau de la fable... La condition est claire : qu'avec nos secteurs, nous prenions nos distances avec Orsoni. Je ne suis pas dupe et vous traduis cela en langage révolutionnaire : si on a votre feu vert, on peut le liquider. C'était totalement irresponsable. Sachant que ça magouillait de part et d'autre, nous voulions nous opposer à tout sacrifice, persuadés que cela déclencherait une interminable vendetta.

Mais, quelques semaines plus tard, la fracture, irréparable, se creuse. L'exclusion d'Alain Orsoni, accusé de malversation, est soumise au vote de tous les secteurs du FLNC. Cette initiative met le feu aux poudres. Le scrutin est nettement défavorable aux accusateurs. Pour éviter la scission, nous avions proposé, lors de la coordination de tous les secteurs de la région bastiaise à Borgo, une suspension de quelques mois d'Alain au Cunsigliu, dans l'espoir que la tension tombe. Pure perte de temps. L'un de mes meilleurs amis, mais soutien des futurs Historiques, demande à me parler. Il me menace : « S'il arrive quelque chose à l'un d'entre nous, tu seras le premier à subir notre vengeance. » Le choc est terrible, tant sur le plan affectif que politique. En désespoir de cause, je sortirai déterminé à accélérer la scission…

Submergés par nos dissensions et les violences qu'elles ont suscitées, nous y avons épuisé toutes nos forces et avons délaissé le combat citoyen. La Corse tout entière en a été traumatisée. Et dans une certaine mesure, elle le demeure trente ans après. Cette vendetta sans fin n'avait d'autres finalités que le pouvoir par la menace et parfois l'exécution. Là résidait le seul projet qui mobilisait les énergies : écraser les autres.

Peut-on penser que tous ces événements tragiques n'ont pas favorisé l'émergence d'un système mafieux, dès lors que la loi des armes s'était imposée ? La réponse est dans la question. Comment qualifier ces comportements, sinon en les apparentant à des dérives qui ne disent pas leur nom en se cachant derrière de belles formules, mais qui, en vérité, ne sont que le prélude au règne de la voyoucratie ? Au sein de la société corse, la voie était dégagée pour la mafia. Pour ceux qui auraient encore des doutes, je les invite à parcourir le prochain chapitre…

5

Les liaisons dangereuses

FLNC et voyous

Depuis une trentaine d'années, je me suis efforcé d'agir, en conformité avec des idéaux humanistes, dans le souci d'une construction démocratique. Cela inclut ce témoignage de l'ancien dirigeant d'un groupe armé que j'ai été, qui condamne désormais la violence et qui mène aujourd'hui un combat contre la mafia.

Le désaveu de plus en plus marqué des citoyens envers la classe politique vous pousse sûrement à être dubitatifs face à ce revirement. Et puis, pour bon nombre de Français, mafia et FLNC c'est, comme disaient mes amis pieds-noirs, « kif-kif bourricot » : des Corses qui tuent ou rackettent, à mettre tous dans un même sac. Interviewé par des médias parisiens, le plus souvent lors d'événements sanglants, j'ai déploré le nombre de commentaires agressifs du genre : « Qu'on la leur donne leur indépendance ! », « Comment vont-ils faire sans subventions ? Ils vont manger des châtaignes ? », « Ils vont se bouffer entre eux, tous des mafieux, bon débarras ! »

Je me saisis donc de ma plume pour affirmer que l'immense majorité des clandestins, durant la période de mon engagement, n'avaient rien à gagner dans une prise de risque individuelle. Ils étaient des durs, mais aussi des purs, et j'ai le plus profond respect pour ceux qui ont su tenir le cap. Cependant, je ne cautionne pas ceux qui, après avoir tant donné, ont estimé avoir droit à un retour sur investissement. Toutes les luttes armées ont connu les mêmes déconvenues. Après une phase initiale, considérée comme idéaliste, le système s'écroule sous le feu roulant des événements. On assiste à une sorte de « réchauffement systémique » provoquant la fonte des valeurs éthiques et d'immenses fractures. On ne sort pas indemne des secousses clandestines.

Il faut en convenir, et nous l'avons déjà évoqué dans cet ouvrage, il y a eu au sein du FLNC des méthodes douteuses et des relations condamnables avec certains groupes mafieux. J'ai fait allusion, précédemment, à un pacte tacite de non-agression. Il avait été officialisé par la rencontre survenue en janvier 1988, entre des membres de la Brise de mer et des responsables des secteurs bastiais du FLNC. À l'annonce de cette initiative, prise en dehors de toute consultation avec la direction nationale du Front, mon univers politique s'est effondré.

Comment pouvions-nous, nous, militants révolutionnaires qui aspirions à une société plus harmonieuse, pactiser avec les orfèvres du chaos absolu, avec ceux qui formaient la bande la plus redoutable de l'époque et pas seulement à l'échelle insulaire ? Ils n'étaient pas de simples voyous, mais des bandits, des tueurs sans foi ni loi, qui n'ont jamais eu d'autres ambitions et d'autres pratiques que de piller et de répandre la terreur aux fins de se constituer un magot sans limites. Comment nos frères de lutte ont-ils pu pousser l'irresponsabilité au point de leur accorder un tel crédit ? Cet épisode est lamentable.

Les litiges à l'origine de cette « négociation » entre le FLNC bastiais et la Brise concernaient deux dossiers. Le premier portait sur la mainmise du port Toga, le nouveau port de plaisance situé à l'entrée nord de Bastia. Comment ont-ils pu tolérer un tel Yalta ? Tout est encore flou dans mon esprit. Ce dont je suis certain, c'est que la grosse entreprise niçoise de BTP Spada qui, outre la construction du port, gérait sa commercialisation, voulait se protéger du FLNC et de la Brise de mer. Rétrospectivement, je me demande si nous n'avons pas été, une fois de plus, c'est le cas de le dire, menés en bateau. La Brise a – évidemment – profité de l'aubaine en obtenant des concessions de commerces. Je ne pense pas que des militants nationalistes aient sauté sur l'occasion car le responsable de la région bastiaise était d'une grande intégrité. Mais je n'ai aucune certitude en ce qui concerne des intermédiaires.

Le second concernait le sort de Jean-François Filippi, maire de Lucciana – une commune à une quinzaine de kilomètres au sud de Bastia, non loin de l'aéroport de Poretta – et président du Sporting Club Bastiais (SCB), véritable institution insulaire. Filippi était rackетté, à l'instar de tant d'autres chefs d'entreprise, par un voyou dépendant de la Brise. Des responsables du Front de la région bastiaise avaient « secoué » le voyou en question, afin qu'il ne s'approche plus de Filippi. Ce qui sera respecté. Toutefois, six ans plus tard le 27 décembre 1994, Filippi était assassiné. Ses bourreaux n'ont jamais été identifiés. Comme ceux de tant d'autres dirigeants de clubs de football insulaires.

Dans une enquête publiée en février 2022, le site d'information Blast titre sur « Les cadavres exquis du foot corse » et dresse une funeste liste : pour le SC Bastia, outre le président Filippi, le directeur général Albert Pieri (1992), le capitaine Pierre dit Pierrot Bianconi (disparu en 1993). Pour le GFC Ajaccio : son mécène Robert Feliciaggi (2006), son vice-président Jean-Claude Colonna (2008). Mais également le président du club de Ghisonaccia Marc Paolini (1990) et celui du FC Calvi Dominique Rutily (1996). Sans oublier la tentative d'assassinat contre Alain Orsoni, le président de l'AC Ajaccio (2008). Encore une spécificité dont nous nous serions volontiers passés : faut-il y voir un lien avec la singularité d'avoir eu jusqu'à quatre équipes professionnelles, soit deux fois plus que dans la région parisienne avec ses douze millions d'habitants et son PIB soixante-dix fois supérieur au nôtre ?

Une année avant son assassinat, Jean-François Filippi avait vu son parc automobile de location partiellement détruit par une explosion. Cet attentat avait été commis par un jeune militant du Front : Robert Sozzi, 28 ans. Sa veuve, dans une interview qu'elle avait accordée à *L'Express*, avait confirmé la responsabilité de son mari dans ces plasticages : « Oui, c'est bien Robert qui a plastiqué les voitures des Filippi », ajoutant : « Il ne supportait pas que ce club de football ensanglanté joue la pompe à finances du Canal historique. Robert parlait surtout de la dérive mafieuse de l'organisation ; plus ça allait, plus les actions étaient suivies de pillages. »

Robert Sozzi sera tué à son tour, par représailles, en juin 1993. L'assassinat avait été revendiqué par le FLNC historique à l'occasion des traditionnelles Journées internationales de Corte. Deux mille personnes avaient ovationné le porte-parole du commando justifiant la mise à mort du militant par « légitime défense préventive »... Surplombant le groupe de clandestins, à la tribune, quatre avocats, membres de la direction de la Cuncolta, avaient joint leurs applaudissements à ceux de la foule. Cependant, je m'en voudrai toujours d'avoir, quelques jours après cette liesse indécente, refusé de serrer la main à l'un d'entre eux, l'avocat bastiais et ami Vincent Stagnara. J'étais assez mal placé pour l'humilier de la sorte, après avoir cautionné tant d'assassinats. Au printemps 2009, nos regards se sont croisés sur un parking. J'aurais voulu aller enlacer ce vieux compagnon mais n'ai pas eu le courage de le faire. Il nous quittera brutalement en janvier 2010. Je n'oserai pas me rendre à ses obsèques.

Le 28 décembre 1994, le lendemain de l'assassinat de Jean-François Filippi, les Historiques élimineront un militant proche de Robert Sozzi : Frank Muzy. J'ai bien connu Frank. Âgé de 37 ans, il défendait des convictions assez radicales qui contrastaient avec la bonhomie de l'employé de banque en costume-cravate. Il était très avenant, passionné, mais tolérant, toujours le sourire aux lèvres. Il a été tué, comme tant d'autres, pour assurer une riposte aussi immédiate qu'implacable. Il avait le « malheur » d'être marié à Judith, une employée d'Air France qui travaillait à l'aéroport de Poretta. Une situation qui, aux yeux des assassins de son mari, faisait d'elle la personne qui avait permis de renseigner les tueurs sur le vol matinal que Filippi devait prendre pour Paris, le 27 décembre.

La peine et les regrets exprimés dans ce récit sont partagés par l'immense majorité des anciens cadres du FLNC. J'en rencontre fréquemment, qu'ils aient appartenu à l'une ou l'autre branche du Front : Canal historique ou Canal habituel. Tous aspirent désormais à la paix, à plus d'autonomie dans la sérénité, pour la Corse et ses habitants. Même s'ils restent, avec raison, ulcérés par des situations d'injustice et par les blocages de l'État, aucun ne souhaite que la jeunesse revive nos épreuves.

« Le ravi de la crèche »

En me documentant pour alimenter ce récit, j'ai pris conscience de ma propre candeur. Alors que nous évoquions ce passé traumatisant, mon épouse, avec laquelle nous nous taquinons depuis quarante-huit ans, m'a qualifié de « ravi de la crèche ». J'en ricane toujours. Il est vrai que, le plus souvent entouré de militants déterminés et intègres, j'ai vécu avec des convictions bien ancrées. J'étais un peu comme tous ces adeptes de Facebook qui estiment qu'une grande majorité d'internautes pensent de la même façon qu'eux, mystifiés qu'ils sont par un algorithme encourageant les regroupements de partisans d'une idée similaire. Face à ce miroir, ils s'imaginent écraser les débats par leur vérité.

Nous savions, évidemment, que quelques clandestins étaient des malfrats, mais nous pensions que c'était marginal. Depuis que je m'investis dans ce combat associatif contre la mafia, j'ai beaucoup lu et interrogé pour cerner les causes d'une dérive mafieuse. J'ai mieux compris et j'ai dû admettre que le mal était profond et que notre combat n'avait abouti qu'à l'aggraver.

J'avais toujours eu l'appréhension de parcourir le livre *Pour solde de tout compte* par crainte d'une forte désillusion. Ces entretiens sous la plume de Guy Benhamou, ancien journaliste à *Libération*, ont été réalisés, en 2000, avec deux dirigeants clandestins qui n'avaient plus beaucoup de temps à vivre : Jean-Michel Rossi et François Santoni. Pour les deux chefs qui avaient rompu avec les Historiques pour créer Armata Corsa (Armée corse), c'était le chant du cygne. Isolés et menacés, ils savaient qu'il leur serait difficile de survivre. Il leur aurait fallu tuer davantage d'ennemis et ils n'en avaient plus les moyens. Tous leurs militants les accompagneront dans la mort : Dominique Marcelli et Jean-Christophe Marcelli le 21 août 2001, Jacques Navarra le 12 octobre 2001, Nicolas Gros le 26 octobre 2001, Jean-Pierre Martelli le 13 décembre 2001. L'assassinat de Nicolas Montigny le 5 septembre 2001 à Bastia inspirera le film *Une vie violente*, de Thierry de Peretti, que, pour l'instant, j'ai évité de regarder.

Tout n'est pas que propagande dans les propos des deux fondateurs du mouvement clandestin Armata Corsa en 1999. Le bannissement en 1992 de Jean-Michel Rossi, décrété par le Canal habituel, nous avait été insupportable. Notre secteur bastiais sera conforté dans sa décision de se dissocier, définitivement, d'une culture de l'élimination des opposants qui n'avait plus de politique que la façade.

Jean-Michel était né à L'Île-Rousse en Balagne. Il y mourra le 7 août 2000, ainsi que son garde du corps, Jean-Claude Fratacci, criblé de balles par un commando de cinq tueurs. François Santoni le rejoindra un après, le 17 août 2001, mitraillé alors qu'il quittait un mariage à Monacia-d'Aullène, près de Bonifacio. Une collusion manifeste entre les Historiques et une Brise de mer associée au milieu toulonnais avait laissé le champ libre à leurs sicaires. Une énième vendetta pour répliquer à Armata Corsa qui avait assassiné quelques truands.

J'ai lu avec un vif intérêt le dernier chapitre de leurs entretiens. J'ignorais qu'ils en étaient arrivés à cette conclusion : mon sentiment de gâchis n'en est que plus intense. Je vous en cite l'essentiel : « Nous plaidons pour la disparition des bandes armées [...]. Si une autonomie est octroyée demain, la Corse tombera entre les mains de la mafia. Pour faire face à ce danger, d'aucuns préconisent le maintien d'une organisation politico-militaire forte. Mais une bande armée nourrit l'autre. Car, depuis vingt ans, il y a eu une organisation politico-militaire forte, sans que cela empêche le milieu corse de se transformer en véritable mafia. » Prémonitoire, n'est-ce pas ?...

Précisément, pour se prémunir d'un glissement mafieux, le FLNC avait misé, dès sa création, sur son organisation interne. Le cloisonnement était réel et les décisions létales ou les collectes de « l'impôt révolutionnaire » dépendaient de la direction politique. Mais, assez rapidement, des régions ont agi de façon autonome. Pierrot Poggioli et d'autres membres du Cunsigliu, auquel j'ai appartenu à partir de 1988, me confiaient leurs craintes. Mais on en restait là. Il n'était pas dans l'intérêt du Front de faire des vagues. Et en avait-il le pouvoir ?

Les décideurs, y compris lorsque je serai l'un d'entre eux, ont souvent été placés devant le fait accompli. Nous avions appris que des secteurs ou des groupes de militants organisaient des hold-up, des casses de bijouterie, que les mêmes prélevaient « l'impôt révolutionnaire » et allaient jusqu'à assassiner, alléguant la sempiternelle « menace extérieure » et les besoins financiers régionaux. Le pire est que, pour masquer notre impuissance, nous considérions cela comme un moindre mal.

Et puis nul n'était irréprochable. À commencer par moi. Quoique jacobin au niveau de notre fonctionnement, il m'arrivait d'agir en régionaliste bastiais. Un vieil ami m'avait informé que le patron d'un hôtel de Haute-Corse souhaitait la destruction de son établissement pour toucher la prime d'assurance. Il nous demandait de faire sauter le bâtiment, en échange de quoi il promettait 15 000 euros au FLNC. Quelques semaines plus tard, l'hôtel fut dévasté par un attentat. J'ai servi d'intermédiaire, sans état d'âme. Je me rappelle avoir ponctionné 400 euros pour le remboursement d'un vol et d'un hébergement. Bon soldat, j'étais convaincu des retombées politiques de cet apport financier, et je n'avais nullement été troublé par le pedigree du propriétaire : un gangster qui blanchissait ses rentrées d'argent sale dans des commerces hors de l'île.

La majorité des troupes ne cherchaient pas à se remplir les poches, mais à force d'adopter des comportements de voyous, la tentation était grande. Puissance militaire et prestige du Front aidant, il devenait facile d'arrondir ses fins de mois, tout en plastiquant, de temps à autre, pour la bonne cause. La part de militants ayant fait leurs ce raisonnement et ces pratiques a connu une croissance exponentielle. Une zone grise qui s'étendait au fil des mois, d'autant que la plupart des voyous affichaient, de façon opportuniste, leur sympathie pour le nationalisme. De quelques centaines de clandestins dans les années 1980, leur nombre a approché le millier en 1996. À l'échelle d'une île peuplée alors de 259 000 habitants, une telle masse pèse sur le paysage politique et la sécurité.

En janvier 1984, l'évasion spectaculaire de Charles Pieri, l'un des dirigeants militaires du

FLNC du Grand Bastia, en compagnie de Francis Mariani, l'un des principaux parrains de la Brise, avait troublé les esprits. Un membre du Front et un chef mafieux qui font cause commune, cela aurait pu nous interpeller. Las. Il paraissait logique que vivant au milieu des droits communs dans la maison d'arrêt de Bastia, le responsable du FLNC saisisse une occasion de se faire la belle. C'était tout bénéfice pour Charles et son aura en avait été renforcée. Tant pis pour l'ambiguïté que cela pouvait engendrer.

J'ai une expérience personnelle en matière de promiscuité carcérale. Lors de mon emprisonnement aux Baumettes à l'été 1984, j'étais entouré de gros caïds. Mon voisin de cellule du dessous était le célèbre parrain marseillais Gaëtan Zampa et celui de la cellule de droite un Napolitain appartenant à la Camorra. Ce jeune mafieux sera le premier auquel je confierai que ma femme portait notre premier enfant, Saveriu. Quelque temps plus tard, alors que je sortais de neuf jours de grève de la faim par solidarité avec Alain Orsoni (incarcéré également pour apologie de crime et qui m'avait rejoint dans ma cellule), le Napolitain nous a offert l'un des repas les plus succulents de ma vie : une saucisse livrée grâce à une corde balancée de cellule à cellule. Nous la partagerons au millimètre près…

Pour en revenir à Charles Pieri, aussi surprenant que cela puisse paraître, nous fonctionnions relativement bien ensemble. Au niveau humain, il était sympathique ; sur le plan politique, à mon avis, plutôt confus. Difficile à cerner en tout cas. Notre première rencontre avait été organisée, après son évasion en 1984, par le représentant bastiais au Cunsigliu. J'ai eu la sensation d'un « retour vers le futur » quand, en 1976, de valeureux pionniers du Front nous vantaient les perspectives libératrices de la lutte armée qui devait bouter hors de l'île l'occupant français. Mais je respectais sa détermination et je pense que c'était réciproque. Nous avons cohabité dans des rôles et des postures souvent différentes. Nous avons été parfois côte à côte dans des conférences de presse clandestines comme celle de 1990, organisée pour les besoins de l'émission de Christophe Dechavanne sur TF1, *Ciel, mon mardi !*. Nous avions aussi, en commun, le fait de bénéficier chacun d'un garde du corps, pris en charge par l'organisation. Mon gilet pare-balles israélien incroyablement fin, acheté dans une galerie des Champs-Élysées, semblait insuffisant. Toutefois, même si j'étais assez embarrassé par la fascination que Charles exerçait sur quelques dirigeants locaux séduits par sa stature guerrière, nous n'avions jamais eu de difficultés relationnelles.

Charles Pieri est aujourd'hui un homme qui dérange. Il reste un personnage emblématique du combat pour l'indépendance de la Corse. Je n'ai jamais eu avec lui des liens aussi étroits qu'avec

Alain Orsoni, mais j'ai à son égard une même réserve quant à la réputation sulfureuse qui le précède en toutes circonstances. Alain était considéré comme le parrain d'Ajaccio. Charles est suspecté de s'imposer dans des affaires et des marchés publics de la région bastiaise, sur la Plaine orientale, le Nebbiu et l'Alta Rocca. « L'équipe Pieri » fait partie des vingt-cinq bandes criminelles répertoriées par la direction centrale de la police judiciaire. L'homme peut être déroutant, comme lorsqu'il compare, de façon indécente sur Facebook, Dominique Érignac, la veuve du préfet assassiné, aux « femmes françaises ayant eu des relations sexuelles avec des soldats allemands pendant la Seconde Guerre mondiale ». Sa réputation a terni l'image de son parti, Corsica Libera, qu'il dirige dans les faits grâce à son prestige sur les militants de base et malgré ses condamnations à des peines de prison pour des malversations et des abus de biens sociaux.

La complexité à cerner l'implication de Pieri dans le système mafieux est soulignée par le rapport de la police judiciaire : « Son influence, difficilement quantifiable, semble représenter un frein dans les négociations entre l'État et la collectivité de Corse. » Où que j'aille, on me parle de lui et de ses proches. Ils font peur. Je ne pense pas que Charles le souhaite, mais il ne tient qu'à lui de prendre une retraite bien méritée. En dépit de ses condamnations, ses soutiens déplorent

« l'acharnement judiciaire qu'il subit depuis des décennies ». J'assume, une fois de plus, mes contradictions : je ne me réjouis pas qu'il soit, à son âge et malade, de nouveau incarcéré depuis de nombreux mois au moment où j'écris ces lignes.

Malgré toutes ces controverses, Pieri ne serait-il pas l'arbre qui cache la forêt ? Comme l'avait remarqué Marie-France Giovannangeli, cofondatrice de Maffia Nò A Vita Iè : « Si la mafia, ce n'est que Charles Pieri, on peut être rassurés… »

Autre figure emblématique du Front, également objet de controverse concernant des soupçons de pratiques mafieuses : Alain Orsoni. On m'attaque très souvent sur ma relation avec celui qui fut un leader charismatique de notre mouvement. Ces liens permettraient à mes détracteurs de nourrir leurs doutes quant à la sincérité de mon engagement antimafia. Je pourrais répondre : « C'est un ami, je ne peux pas être objectif. Je me trompe peut-être. » Ce qui est possible. Il serait aisé de balayer ces critiques en rétorquant : « Et alors ? Même si je suis mafieux, ne faudrait-il pas, au contraire, vous investir dans un collectif pour limiter ma nuisance et faire triompher vos fortes convictions ? »

Début janvier 2023, j'ai été invité à une sympathique fête d'« anciens combattants » à Moltifao, au centre de l'île. Un ex-codétenu de la centrale de Melun m'a interpellé ; sa bienveillance contrastait avec l'âpreté de la question : « Léo, c'est vrai que tu es mafieux ? » Ma réaction fut instantanée : « À toi aussi, on a parlé de mon amitié avec Alain Orsoni ? » Il m'a bien sûr confirmé. Les cofondateurs de Maffia Nò A Vita Iè ainsi que de nombreux proches m'ont fait part de ces critiques – le plus souvent formulées par certains nationalistes tendance radicale – pour prétexter leur absence d'implication face aux mafieux.

Je serai clair : avec Alain, nous avons été à Aléria en août 1975, nous avons pris le maquis ensemble, partagé la même cellule à la prison des Baumettes en 1984, nous avons milité dans les mêmes mouvements publics pendant une dizaine d'années, animé d'innombrables meetings, nous avons été élus en même temps sur la même liste… Forcément, ce long chemin parcouru côte à côte et souvent au plus près crée des liens. De plus, nous aimons bien rigoler, jouer aux cartes, boire un verre et *macagner*[1].

De 1974 à 1992, nous avons fait route commune et nous nous sommes souvent fréquentés. Tout au long de cette période, je n'ai jamais eu le moindre doute sur son intégrité. Comme moi, il ne roulait pas sur l'or. Ou alors, il le dissimulait bien. Dans ce cas, quelle hypocrisie

1. Verbe signifiant « taquiner ». Tradition à connaître absolument pour comprendre la Corse et presque obligatoire pour s'y intégrer…

ou quelle avarice ! Il ne braquait pas, ne dealait pas, ne maquait pas. Je pourrais invoquer son casier judiciaire vierge, mais je ne me réfugierai pas derrière un formalisme de façade pour parler d'une personnalité sujette à tant de polémiques. Contrairement à moi, Alain n'a jamais été motivé par le combat public, lui préférant l'adrénaline de l'action militaire et la *dolce vita*. Il avait même un certain mépris pour la plupart des nationalistes, les jugeant hypocrites et, à la vérité, il ne croyait plus en grand-chose après avoir terriblement souffert de l'assassinat de son frère Guy. C'est lui qui était visé par les voyous du Valinco en 1983.

À Ajaccio, la personnalité d'Alain et son dynamisme ont chamboulé les équilibres internes au Front. Sous son impulsion, de nombreux hommes d'affaires, des patrons de bar ou d'établissements de nuit, des entrepreneurs prirent de l'importance. Sa cheville ouvrière était Antoine Nivaggioni, petit épicier d'un quartier populaire de la cité impériale qui deviendra au fil des ans l'un des principaux entrepreneurs de la ville. Je l'ai bien connu dans les années 1980. Il se levait tous les matins à 5 heures pour aller travailler. Sa soif de réussite et sa quête de pouvoir le perdront. Il sombrera corps et âme pour avoir voulu vivre comme un nabab en pillant son entreprise et en éliminant les obstacles. Il est mort assassiné en octobre 2010.

Même parcours désastreux que celui de Gilbert Casanova, un ancien militant proche d'Alain. Personnage ô combien sympathique et généreux. Un charme auquel il était difficile de résister. Concessionnaire Peugeot, il connaissait le succès en affaires, grâce à sa gouaille et à son carnet d'adresses. Il n'avait peur de rien. En 1994, il a été élu président de la chambre de commerce et d'industrie de Corse-du-Sud. Il fut le premier nationaliste à accéder à une haute fonction institutionnelle. Là encore, le pouvoir et l'argent auront raison du personnage. En 2005, Gilbert, en proie à ses dérives, sera condamné à trois ans de prison et au remboursement de 2,5 millions d'euros pour banqueroute et abus de biens sociaux. En 2010, il prendra huit ans de plus pour un trafic international de cannabis entre le Maroc, l'Espagne et la France. J'ai revu Gilbert après tous ces épisodes lors des obsèques d'un ami commun. Je n'étais pas très à l'aise. Je suis souvent contrarié par de telles retrouvailles et il m'est difficile d'en faire part.

Après ma démission du mouvement en 1992, je n'ai plus eu de contact avec Alain Orsoni. Et ce, jusqu'en 2011. Cette année-là, il m'avait demandé de participer à un meeting organisé à Ajaccio contre la juridiction interrégionale spécialisée (JIRS) de Marseille afin d'y dénoncer le traitement judiciaire de son fils Guy. Avaient pris place à mes côtés André Paccou, le président de la

Ligue des droits de l'homme en Corse, ainsi que d'autres personnalités. Étant, à cette époque, opposé aux juridictions spéciales, aurais-je dû refuser une telle invitation ? Si les avocats du Petit Bar, ennemis de Guy Orsoni, m'avaient sollicité, j'y aurais répondu tout aussi favorablement. Ma présence n'était pas affective, mais motivée par mon hostilité à ce dispositif pénal.

Je n'avais aucune information sur Guy Orsoni. J'avais demandé à ses parents et à ses avocats ce qu'il y avait contre lui. Tous m'avaient assuré que le dossier était vide. Quand j'ai pris connaissance du contenu des écoutes téléphoniques de ses discussions avec Jean-Luc Germani, grande figure du banditisme, j'ai été saisi d'effroi. Guy Orsoni se vantait d'avoir, à 20 ans, gagné un million d'euros après avoir vendu, en un été, entre 20 et 30 kilos de cocaïne. Je n'en savais rien lors de ma participation à ce meeting. Depuis, Guy Orsoni est mis en cause dans d'autres affaires criminelles, pour des tentatives d'assassinats notamment. Pour beaucoup, il compte désormais parmi les figures du milieu insulaire, ce qu'il conteste.

Vous l'avez certainement ressenti, il ne m'est pas facile de parler de certaines personnes et de certains événements. Je ne suis ni journaliste d'investigation ni historien. Me détacher des faits m'est impossible. Ce qui – je l'espère – fait la singularité de mon récit est que j'ai de la tendresse pour les Antoine et les Gilbert, les

Charles, les Pierre, les Alain et tant d'autres. J'ai apprécié leurs qualités humaines et nos relations. Parfois, il tient à si peu de détails que l'on évolue différemment…

Mais cela ne m'empêche pas de faire la part des choses entre mes sentiments et mes choix pour la Corse. C'est souvent douloureux, mais je suis comme ça. Je ne jetterai jamais la première pierre, mais je me battrai pour le respect de l'État de droit. Car c'est cela ou la barbarie. C'est bien pour éviter ce tiraillement que l'institution judiciaire existe, censée nous protéger de nos émotions.

Pressions sur les politiques

Le monde évolue, la mafia aussi.

Les grands mafieux modernes, ceux qui tiennent le haut du pavé dans le monde de la criminalité organisée, sont souvent des chefs d'entreprise bien propres sur eux. Chemises blanches immaculées, cravates serrées autour de cols parfaitement repassés, costumes taillés dans les meilleurs tissus, ce qui ne les empêche pas d'afficher des allures faussement décontractées… Bref, que des gens qui font belle figure. La Corse, dans ce domaine, semble bien fournie. Quelques entreprises ont été financées, *ex nihilo*, par des gangs qui rappellent, de temps à autre, qu'ils en sont les maîtres. Des bandes comme celle des bergers de Venzolasca dominée par le clan issu de la famille Federici, dont l'un des membres (qui ne fait pas partie de la bande) est par ailleurs maire du village et ancien conseiller territorial élu sur les listes de l'ancien président de l'exécutif insulaire Paul Giacobbi, ou comme celle du Petit Bar et d'autres, contrôlent plusieurs dizaines de sociétés. Notamment des SCI, des entreprises spécialisées dans le fret, dans la gestion et le transport des déchets et dans la sécurité. Secteurs d'activité auxquels il convient d'ajouter les spéculations immobilières d'envergure, qu'ils sont les rares à pouvoir financer.

La Corse est en proie « à des dérives mafieuses » : le constat dressé le 18 novembre 2022 par l'Assemblée de Corse est désormais partagé par la quasi-unanimité des élus et une large partie des Corses. Ce fléau n'est pas sans conséquence sur l'administration des villes et sur la mission des élus, que cette « part d'ombre » menace de manière plus ou moins sournoise. Entourage sujet à suspicion, promiscuité avec des voyous, etc. : diriger des villes comme Ajaccio ou Porto-Vecchio, où l'influence des malfrats pèse dans les rapports de force politique et économique, n'est pas de tout repos.

À Porto-Vecchio, première destination touristique de l'île, le maire, l'autonomiste Jean-Christophe Angelini traîne, à tort ou à raison, une mauvaise réputation à cause de certains membres de son entourage. Brillant politicien, il a provoqué un tsunami en mettant fin, en 2020, au règne des Rocca Serra, le clan qui dominait la cité du sel depuis le Premier Empire.

Cette cité très touristique a toujours suscité des convoitises. Notamment celle de la Brise de mer qui avait contrôlé de nombreuses entreprises, des bars, des night-clubs, des agences immobilières, des cabinets d'architectes et des études notariales. L'un des épisodes marquants de la guerre fratricide qui décima la Brise de mer s'est déroulé dans cette ville. Le 23 avril 2008, Richard Casanova, un ancien membre du FLNC, mais surtout l'un des chefs historiques de la Brise, fut abattu par son rival au sein de la bande, Francis Mariani. Celui qu'on surnommera « Richard le menteur », avait été membre du FLNC dès sa création en 1976 et milité au sein de A Riscossa, une association d'aide aux détenus politiques créée deux ans plus tard. Ma pauvre mère Thérèse en avait été la première présidente. Brossant, à gros traits, un portrait de Richard Casanova, elle m'avait décrit un « jeune très aimable, respectueux et sympathique ». Mais il menait déjà une double vie pour devenir, assez rapidement, un gangster à plein temps.

Comme le raconte Jacques Follorou dans *La Guerre des parrains corses*[1], Richard a rapidement entretenu une relation quasi filiale avec Michel Tomi, acteur de la Françafrique chère à Charles Pasqua dont il était proche, devenu l'empereur des jeux au Gabon. À l'évidence, Richard Casanova avait suscité une révolution culturelle, privilégiant le relationnel et la spéculation immobilière à l'affrontement brutal. Son meilleur ami dans la région de Porto-Vecchio était

1. Flammarion, 2013.

Paul Canarelli. Celui-ci, actionnaire du Via Notte, l'une des plus grandes discothèques d'Europe, est surtout connu pour être le propriétaire du très controversé domaine de Murtoli qui s'étale sur 2 000 hectares le long d'une bande de 9 kilomètres de littoral, entre Sartène et Bonifacio. Parmi les nombreux clients et invités célèbres – l'ancien président Nicolas Sarkozy ou Leonardo DiCaprio –, Richard Casanova était hébergé gracieusement dans l'une des bergeries luxueuses, louées jusqu'à 8 000 euros la nuitée, ce qui n'a d'ailleurs rien d'illégal. Selon U Levante, certaines bergeries du domaine auraient été construites sans permis. Une plainte portant sur plusieurs bâtisses avait été déposée pour infraction aux règles d'urbanisme. En avril 2023, Paul Canarelli a été mis en examen dans ce dossier et proteste de son innocence.

Converti au tourisme depuis quelques dizaines d'années, Porto-Vecchio a perdu son âme. Son centre-ville est froid, dépeuplé de ses indigènes. Ses boutiques sont encore plus luxueuses qu'à Bastia ou à Ajaccio. J'aurais utilisé les mêmes mots pour décrire Bonifacio ou Calvi…

Les voyous s'étaient imposés dans quelques secteurs, et, aujourd'hui, selon le rapport sur les bandes criminelles de la police judiciaire déjà cité, la région « se distingue par l'absence de groupe criminel structuré ». Toujours d'après cette enquête, Porto-Vecchio serait aux prises avec « une délinquance financière en lien avec l'immobilier et la batellerie ». Bref, la mafia moderne ! Celle qui tue moins, mais contrôle davantage, un peu comme en Émilie-Romagne en Italie, passée sous tutelle mafieuse en silence et sans effusion de sang.

Dans un tel contexte, on mesure le parcours du combattant suivi par Jean-Christophe Angelini pour réussir l'exploit de battre l'ancienne équipe municipale. D'où, probablement, une situation politique locale pour le moins chahutée par des alliances qui ménagent tant les écologistes que les promoteurs immobiliers. Pour ma part, je me refuse à voir en Jean-Christophe Angelini un élu sous contrôle mafieux. Il est, tout bonnement, un homme politique pragmatique, adroit dans l'art de la *pulitechella*[1], comme tant d'autres. Il est certes égratigné dans la presse et son nom est cité dans l'enquête sur la bande des Federici, mais pas plus que d'autres, et sans que rien de précis lui soit reproché.

Je ne serai jamais de ceux qui flétrissent les représentants du peuple. Je m'en remets à la présomption d'innocence et à l'établissement des faits par l'action judiciaire. Lorsque des élus sont déclarés coupables de malversation, ils ne devraient plus pouvoir représenter le peuple et

1. Politique politicienne.

a fortiori, exercer de mandats. Nous ne devons pas prétendre être des chevaliers blancs, ni céder à une forme de populisme en vogue, car un climat de haine et défiance fait, précisément, le jeu des *mafiosi*. Il me semble fondamental de procéder de la sorte, tant l'ensemble de notre territoire est confronté à l'épineux problème du lobbying mafieux. La plupart des élus sont sous pression.

Il en est ainsi de Laurent Marcangeli, ancien maire d'Ajaccio, aujourd'hui député de Corse-du-Sud. Il gérait sa ville dans la plus inconfortable des situations. Encerclé par la bande du Petit Bar, l'une des équipes criminelles les plus redoutables de l'île, dont la police judiciaire relève que « ses liens avec le milieu politique et économique en font un véritable empire mafieux ». Rien que ça !

Au cours de ses multiples prises de parole, l'actuel président du groupe Horizons à l'Assemblée nationale n'a jamais évoqué cet « empire mafieux », ni celui des autres bandes ajacciennes, à l'instar de celles enracinées dans le nationalisme tendance FLNC Habituel. Pourtant, depuis une vingtaine d'années, le nombre d'assassinats commis à Ajaccio est particulièrement élevé, comme ceux perpétrés en 2020, en plein jour et au cœur de la cité. Bien sûr, ces crimes ont été unanimement condamnés. Toutefois, sa position concernant la mainmise mafieuse sur la cité impériale aurait pu être exprimée avec davantage de fermeté. D'autant que certains dossiers embarrassent singulièrement son territoire.

Le plus emblématique est celui qui vise les villas Amhan, du nom de deux frères syriens, médecins à l'hôpital d'Ajaccio, qui ont eu la bonne idée de se lancer dans la promotion immobilière. Soupçonnés par certains de liens avec la bande du Petit Bar – ce qu'ils contestent –, ils ont construit deux villas sur la route des Sanguinaires, en dépassant la surface autorisée de 1 500 mètres carrés et en empiétant sur des parcelles voisines, propriétés de la commune. Des poursuites pénales ont été engagées et, en 2017, la cour d'appel de Bastia les a condamnés à démolir la partie construite sans permis. Plutôt que de faire procéder à l'exécution de la décision judiciaire, Laurent Marcangeli a choisi de vendre les parcelles communales aux frères Amhan, une manière de régulariser la situation. Le 18 janvier 2023, le tribunal administratif de Bastia a annulé la décision de vente, arguant du fait qu'elle était entachée « d'un détournement de pouvoir ».

Autre épine dans le pied de Marcangeli, ses relations avec le puissant promoteur immobilier Antony Perrino. Fils d'une dynastie de bâtisseurs de la région ajaccienne, Perrino était l'un des hommes les plus fortunés de l'île. Ses liens supposés avec l'équipe du Petit Bar lui valent une mise en examen depuis janvier 2021, dans une affaire de blanchiment en bande organisée, abus de biens sociaux et association de malfaiteurs, qui l'a conduit à passer neuf mois en détention provisoire. Patron de *Corse Matin*, dont il fut l'un des principaux actionnaires entre 2017 et 2020, Antony Perrino est soupçonné d'avoir aidé le Petit Bar à blanchir de l'argent sale à hauteur de 48 millions d'euros et se dit innocent, contestant tout lien avec la bande.

Certes, il est normal, pour un maire, de croiser la route de l'un des plus grands promoteurs de sa commune et de nouer des relations avec lui. Mais de là à l'accompagner pour plaider, devant des assemblées de copropriétaires en colère, la construction d'une route transversale afin de faciliter son expansion immobilière, il y a un pas qu'un élu ne devrait pas franchir. Les nombreux permis accordés à l'entreprise d'Antony Perrino sont critiquables en termes d'environnement et en décalage, selon moi, avec la défense des intérêts collectifs des administrés. À l'instar de cet immeuble de grand standing baptisé Toretta, bâti sur les hauteurs de la ville, pour lequel Marcangeli a autorisé une surélévation de deux étages, au prétexte d'y insérer des logements sociaux.

Plus ennuyeux encore, les pressions exercées par les voyous sur son directeur de cabinet, en mars 2020, confirment des relations institutionnelles avec la mafia. Même si, en l'espèce, la mairie n'a pas cédé à la demande d'autorisation d'un rooftop au-dessus du bar du seul casino de Corse, combien de fois les lobbyistes mafieux ont-ils su être persuasifs ? Est-il normal qu'une délégation de gangsters puisse venir plaider sa cause en mairie ?

Gilles Simeoni, le président du Conseil exécutif de Corse, subit également des pressions. Comment pourrait-il en être autrement ? Il y a, bien sûr, les critiques classiques du jeu politicien sur sa gestion ; il est même la principale cible sur les réseaux sociaux insulaires. Un ami m'a affirmé un jour : « Il y a deux métiers qui conduisent à une indécision chronique : les médecins et les avocats. Il leur faut tout contrôler en permanence et ils ne délèguent pas. » Gilles Simeoni est avocat.

Cependant, j'estime qu'il est dans une position délicate uniquement sur certains aspects, comparable à celle de Pascal Paoli : il est le chef de l'île et son pouvoir a une légitimité que même ses pires opposants ne peuvent contester. Aucun de ses prédécesseurs n'a eu cette stature. Il sait ce qu'implique un choix. Cette écrasante responsabilité mérite, lorsqu'il tergiverse, le bénéfice de circonstances atténuantes. Même si, à mon sens, il perd du temps et de l'énergie à vouloir, comme le souligne le proverbe corse, « *Dà un colpu à u chjerchju è l'altru à a botte* » (« Donner un coup au cercle et l'autre au tonneau »… à savoir ménager tout le monde).

Dès que j'ai cofondé le collectif Maffia Nò A Vita Iè, des critiques ont fusé sur mes liens avec la famille Simeoni. Cela rendait suspect ce nouvel engagement associatif. C'est mal nous connaître. J'ai des rapports sains avec Gilles Simeoni, lui disant, sans fard, ce que je pense. Il m'exaspère souvent, mais je n'écarte pas une réciprocité…

Notre rôle de militants associatifs est d'être des lanceurs d'alerte et ça ne peut lui être que bénéfique, car le président de l'exécutif est aussi ciblé de manière plus dangereuse. Son intégrité dérange. Lors de sa présentation télévisée des vœux pour 2023, Gilles avait plombé l'ambiance festive : « Je suis, en ce qui me concerne, malgré les difficultés, les obstacles, quelquefois les menaces, confiant, serein et déterminé. » Il avait déjà indiqué, le 18 novembre 2022, dans son discours inaugural de la session sur la dérive mafieuse : « Personne ne vient me tenir le bras. » Les partisans du chaos ne vont pas tarder à lui répondre… Dans la nuit du dimanche 4 au lundi 5 décembre, deux hommes masqués s'en prendront, d'abord, à deux restaurants cortenais, dont l'un est cogéré par Marc'Andria Simeoni, son fils aîné, puis, en toute tranquillité, ils poursuivront leur expédition nocturne jusqu'à Baleone, à la lisière d'Ajaccio. Ils mettront le feu à une concession automobile appartenant à l'autonomiste Jean-André Miniconi dont j'ai parlé dès les premières lignes de cet ouvrage. Les dégâts seront, partout, considérables.

La réaction de Gilles n'a pas tardé : « Il y a eu un certain nombre d'événements criminels qui ont touché des gens, ou des militants, qui me sont proches au plan politique, sur le plan personnel, et parfois même au plan familial. Ces actes participent tout de même à la création d'un climat d'ensemble, un climat d'ensemble qui existe. »

D'autres élus, particulièrement dans les communes du littoral, subissent, le plus souvent à l'abri des regards, les mêmes méthodes d'intimidation. Certes, une poignée d'entre eux profitent de la corruption, protégés en cela par l'absence de contrôle. Pourtant, il suffirait d'investigations fiscales pour mettre au jour le colossal écart entre le montant de leurs vacations et l'étendue de leurs patrimoines. Mais il n'y en a pratiquement jamais eu, même lorsque certains d'entre eux ont été signalés à la justice.

Néanmoins, la plupart des maires ne sont pas vénaux. Ils ont peur. Ils laissent faire par crainte d'entrer dans des zones de turbulences qui ont souvent provoqué des catastrophes. Ils redoutent de se retrouver seuls face aux menaces. Ils sont échaudés par le constat que les rares élus qui se sont ouvertement opposés à la mafia n'ont guère été soutenus.

En matière d'urbanisme, beaucoup se réfugient désormais dans l'aubaine d'un permis tacite. Ne répondant pas à une demande d'un permis de construire qu'ils savent illégal, le permis est, de fait, accordé. Ils peuvent ainsi s'en laver les mains et apaiser leur conscience. C'est ce qui explique, comme le souligne l'association U Levante, que « certains promoteurs construisent illégalement parce qu'ils savent que, même si les tribunaux administratifs les condamnent à 1 000 ou 2 000 euros d'amende et annulent leurs permis, l'État ne fait pas démolir. Ces constructions rapportent énormément d'argent et l'impunité est assurée… »

Sur ce type de permis, le maire de Bonifacio, Jean-Charles Orsucci, en connaît un brin. Il m'en coûte affectivement d'en parler, car je l'estime et lui trouve de bonnes qualités de gestionnaire. Il sait en particulier déléguer, ce qui est rare chez nous. Jean-Charles est même courageux en assumant, de façon très marginale, son adhésion au macronisme. Ayant été candidat de mouvements qui frôlaient les 5 % au début des années 1980, je sais ce que représente un tel isolement. D'autant que nous avions, pour notre part, des perspectives. N'oublions pas que ceux qui, dans l'île, partagent l'idéologie du « En même temps » soutiennent les autonomistes.

Je ne mets pas du tout en cause son intégrité, il a les qualités requises pour changer d'optique et renforcer une autre conception, bien plus progressiste, du développement de la Corse. Dans mon esprit, c'est sa passivité qui est consternante. Il a, certes, hérité d'un système pervers mais ne l'a jamais remis en cause. U Levante et ABCDE ont déposé des recours en justice contre le plan local d'urbanisme de Bonifacio et de nombreux permis de construire ou permis d'aménager délivrés par le maire. Le tribunal administratif est souvent allé en leur sens, annulant l'intégralité des autorisations d'urbanisme contestées. Ce qui est extrêmement regrettable, c'est l'entêtement à ne pas appliquer le code de l'urbanisme et à délivrer des permis de construire ou à lotir dans des endroits inconstructibles. Une irresponsabilité qui favorise ainsi un taux de villas secondaires très élevé. Qui plus est ce sont des résidences luxueuses pour des personnes fortunées, qui privatisent le bord de mer, plages et rochers, rendant leur accès impossible pour le citoyen lambda. Or il s'agit d'un bien public. J'avoue que cette dérive est en pleine contradiction avec la défense de l'intérêt collectif, objectif affiché à la mairie. Y a-t-il des pressions ? Le projet est-il de bâtir un Monte-Carlo insulaire ? En tout cas, il a les qualités requises pour changer d'optique et renforcer une autre conception, bien plus progressiste, du développement de la Corse.

Le naufrage de la politique des déchets illustre une autre cause structurelle de la dérive mafieuse : l'émiettement institutionnel. Entre une Assemblée censée fixer des objectifs, un Conseil exécutif et un Office de l'environnement missionnés pour les défendre, un Syndicat de valorisation des déchets (Syvadec) qui n'aurait qu'à les appliquer et dix-neuf intercommunalités chargées de la collecte siégeant au syndicat et censées participer à ses décisions, le désastre organisationnel est total.

Les artificiers, en revanche, s'avèrent bien plus efficaces. Ces dernières années, plusieurs dizaines d'attentats ont visé des engins de chantier, des entreprises de transport ou de location, des équipements de tri, des locaux administratifs. Sans compter les meurtres.

Une note, datant d'avril 2023, du Service d'information, de renseignement et d'analyse stratégique sur la criminalité organisée (Sirasco) rappelle que des hommes politiques corses ont été éliminés pour « capter des marchés publics liés au traitement, au transport ou à l'exportation des déchets ». Le Sirasco précise : « En 2009, Jean-Marc Nicolaï, ancien maire de Casalabriva, était assassiné. Sa société était positionnée sur un appel d'offres pour la gestion de la déchetterie de Vico quelques semaines avant sa mort », rajoutant qu'en 2013 « Jean-Luc Chiappini, président du parc naturel régional de Corse, était également assassiné alors qu'il venait d'inaugurer cette même déchetterie ». Avec une telle précision dans les mobiles, on ne peut que déplorer, une fois encore, l'impunité.

Pour les mafieux, les déchets constituent une priorité stratégique tant le gisement est inépuisable. C'est de l'or en barre et beaucoup moins risqué que les braquages et même le trafic de drogue.

Au sein de l'administration, nul n'ignore également les manœuvres frauduleuses dont usent des transporteurs. Les autorités ferment les yeux lorsque les bennes charriant les ordures sont alourdies par un mouillage systématique avant leur pesée. Quant aux appels d'offres, des entreprises y font la loi. Sans concurrence, les coûts sont astronomiques, comme le soulignent de nombreux rapports, dont ceux de la Cour des comptes.

On comprend que le tri généralisé soit une menace pour certains intérêts qui verraient fondre leur profit. Pour l'instant, les charognards n'ont pas à s'inquiéter. En 2021, la collecte sélective atteignait 74,9 % en moyenne chez nos voisins sardes ; elle était de 19,6 % en Corse. Pourtant, la simple utilisation de nos dix doigts fonctionne à merveille ailleurs. Les résultats sont spectaculaires grâce à la synergie élus-citoyens, au maintien de l'activité dans la sphère publique, à une politique fiscale incitative et à la collecte au porte-à-porte. Il n'y a aucune raison pour ne pas reproduire un processus vertueux qui a démontré son efficacité. Malheureusement, malgré la volonté politique affichée par les dirigeants insulaires pour une généralisation du tri, il n'y a aucun progrès réel ces dernières années. C'est un fiasco monumental. Il faudra à tout prix se ressaisir : il y va de la crédibilité de la démarche autonomiste. Si nous sommes incapables de gérer cela, comment pourrions-nous envisager d'autres chantiers ?

Et que dire du secteur agricole ? L'emprise mafieuse y est significative. Je pourrais y consacrer bien des pages, mais tout est parfaitement synthétisé par un responsable syndical, Jean Cardi. Voici ce qu'il déclarait, en août 2022, dans une interview au journal en ligne *Corsenetinfos* : « La mafia veut la mainmise totale sur le foncier. C'est très grave ce qui se passe, surtout en Plaine orientale ! Les élus parlent à longueur de temps de la défense du foncier, alors que tout le monde sait très bien que le foncier est soumis à la mafia. Sur toutes les meilleures terres de la Marana et de Casinca, qui faisaient la richesse agricole de ces régions, aujourd'hui, il n'y a plus que des immeubles. Il y a la mafia de la viande, la mafia du foncier, la mafia dans les fruits et légumes… »

Révélons, grâce à des informations parvenues à des membres de notre collectif, l'achat réalisé par des individus, proches du milieu, de terres agricoles pour un prix modique, avec un dessous-de-table jusqu'à dix fois plus élevé. Deux explications, l'une n'empêchant pas l'autre : soit ils achètent au prix agricole pour ensuite faire pression sur le maire afin qu'il rende le secteur constructible (un terrain agricole de bord de mer verrait sa valeur multipliée par deux cents !) ; soit, forts de leur nouvelle propriété, ils se déclarent agriculteurs et perçoivent des subventions à ce titre. En quelques années, ils pourront récupérer officiellement le montant du dessous-de-table. En effet, les aides sont proportionnées aux superficies déclarées, sans que le déclarant ait à justifier d'un nombre minimum de bêtes. Des milliers d'hectares sont ainsi déclarés comme propriétés agricoles, sans qu'on y pratique le moindre élevage ou la moindre activité. Ce nombre exponentiel d'éleveurs vous étonne ? N'y aurait-il pas quelque chose qui s'apparente au blanchiment là-dessous ? Lors de son témoignage, un agriculteur dégoûté par le système issu de la PAC (politique agricole commune) nous a confié : « C'est un vrai pousse-au-crime. » « Un effet d'aubaine », avait assumé un jour un responsable de la chambre d'agriculture bienveillant avec ce système.

Et les représentants de l'État dans tout cela, pourquoi tant de carences ? Reconnaissons que les détenteurs de la puissance régalienne ont un rôle au moins aussi délicat que celui des politiques. Ils ont évidemment des directives, mais il apparaît, y compris actuellement, que lorsqu'il est officiellement demandé de s'en prendre aux bandes armées, ils ne font pas de zèle. Disons qu'à l'instar des édiles et des magistrats, leurs résultats dépendent aussi de leurs personnalités.

Commençons par des caricatures. On a déjà évoqué le cas du préfet Jean-Étienne Riolacci en 1975, n'hésitant pas à faire plastiquer des biens d'autonomistes. Mais sans doute agissait-il sur crdre. Ce qui ne semble pas le cas, en 1999, pour le célèbre préfet Bernard Bonnet ordonnant à sa garde prétorienne, des officiers et sous-officiers de gendarmerie, d'incendier une paillote ! La Corse rendrait-elle fou ?...

Que des militaires gradés participent à telle forfaiture m'amène à évoquer un fait très grave me concernant. En mars 1988, quatre officiers de la brigade de recherches de Bastia ont détruit, avec un cocktail Molotov, ma Peugeot 305 garée devant mon immeuble. Je m'en suis bien tiré : ils m'avaient, en vain, attendu sur mon trajet habituel pour m'assassiner. J'avais fort heureusement, emprunté un autre itinéraire et ils se sont donc rabattus sur mon véhicule. Ils faisaient partie du groupe barbouzard MASC (Mouvement antiséparatiste corse) qui avait réalisé une dizaine d'attentats contre nos militants. Ils étaient couverts par un magistrat du parquet, un proche du ministre de l'Intérieur, Charles Pasqua. Ce soir-là, ils se vengeaient d'un attentat particulièrement destructeur de leur propre caserne à Montesoro, dans les quartiers sud bastiais. C'était en pleine campagne présidentielle, dont l'issue mettra fin à la cohabitation de Mitterrand avec la droite. L'heure était à la déstabilisation, comme en Kanaky (Nouvelle-Calédonie) avec le drame d'Ouvéa (mai 1988).

L'un des gendarmes, d'origine insulaire, avait craqué en réalisant la gravité de leur démarche. Il s'est confié, le lendemain même, à un proche qu'il savait sympathisant de notre cause, nous révélant tous les noms. L'information est remontée jusqu'au président, ça tombait bien, j'étais le messager traditionnel du FLNC. Les gendarmes furent rapidement mutés. Et je suis toujours là...

Toutefois, le plus souvent, les hauts fonctionnaires s'évertuent à ne pas créer de vagues en privilégiant les relations avec des élus et des acteurs économiques, quelles que soient les informations qu'ils ont sur certains d'entre eux liés aux voyous. Ils ne sont pas regardants, pourvu que ça fonctionne. À l'instar de ce préfet n'ayant pas hésité à louer des locaux bastiais à un entrepreneur du BTP condamné pour corruption, le 22 mars 2023, à une peine de deux ans de prison, dont six mois avec sursis, et frappé d'une interdiction de gérer une entreprise pendant cinq ans. Selon le fameux rapport de la police judiciaire de 2017 sur la bande des Federici, cet homme d'affaires est « connu des services de police pour des faits d'infractions au droit d'urbanisme et de la construction, menace de mort faite sous condition, abus de biens sociaux, recel d'abus de biens sociaux et corruption active » et il est considéré, sur la base d'écoutes, comme étant sous la coupe du gang.

Comment un représentant de la puissance régalienne en Corse peut-il traiter avec lui ? Mais, surtout, comment tous ces préfets peuvent-ils justifier l'absence totale de contrôle du contexte entourant les gros appels d'offres ? Certes, tout est *clean*. Mais dans la forme, car les dés sont pipés dès le départ. Préfets et maires ménagent leur conscience, ils ont accompli formellement leur devoir. Mais ce sont les contribuables qui régleront les surcoûts financiers énormes entraînés par de tels monopoles. C'est la règle du jeu dans toutes les régions de l'île avec les mêmes mécanismes mafieux.

Jamais un fonctionnaire n'a eu le courage, à ce jour, de contrecarrer ou de dénoncer ces magouilles. Saluons, néanmoins, quelques saines réactions d'une partie de ces serviteurs de l'État régalien. Ainsi le préfet de la Haute-Corse, Gérard Gavory, s'oppose-t-il en 2017 à l'installation d'un chantier d'aménagement sur une Zone naturelle d'intérêt écologique faunistique et floristique de type I dans la région d'Oletta, à 20 kilomètres de Bastia. Mais un nouveau préfet débarque en janvier 2018 et lève, sous diverses pressions, cette interdiction. Pour préserver sa tranquillité.

Je rappellerai – pour m'efforcer d'être juste avec ces hauts fonctionnaires qui dérapent dans l'île – qu'ils estiment faire partie du décor et sont persuadés que rien ne changera. C'est un cercle vicieux duquel il faut s'extraire, mais pour cela il faut, aussi, que les gouvernements aient une ligne de conduite claire et non circonstanciée. Les citoyens, les élus et l'État ont donc un sacré défi à relever. Mais gardons l'espoir. D'autant qu'à l'issue de la session exceptionnelle du 18 novembre

2022, consacrée à l'emprise mafieuse sur l'île, l'Assemblée de Corse a décidé d'ouvrir des ateliers de travail portant sur différents thèmes.

Il y a un frémissement. On commence à percevoir dans l'opinion et parmi quelques responsables une sensibilisation sur les sujets ayant trait à la dérive mafieuse.

De nombreux élus de la Corse sont convaincus que, pour se protéger de la multiséculaire pression des bandits, il faut améliorer le droit et les contrôles.

Les voyous savent que, dorénavant, les crimes de sang vont mobiliser plus de citoyens et amener les forces régaliennes et les politiques locaux à plus d'efforts dans leur engagement contre la mafia. Le monde associatif est en voie de mobilisation plus importante. Le combat contre l'emprise mafieuse s'avère une nécessité absolue, et chacun d'entre nous a un coup à jouer. Un peu comme dans une partie d'échecs, chaque pièce doit être complémentaire et en coordination avec les autres. Je vous propose donc d'envisager quelques mouvements tactiques au service d'une stratégie visant à faire échec et mat à la mafia !

6

LE COMBAT CONTRE LA MAFIA, UN COMBAT POUR LA CORSE

Adapter la loi pénale pour contrer la mafia

Il s'appelait Antoine... Il appartenait à une famille qui règne en maître dans une région de la Haute-Corse. Lui n'était pas un voyou, mais un brave homme, serviable et gros travailleur. Boulanger dans un quartier populaire de Bastia, il avait le cœur sur la main et effaçait régulièrement les ardoises de ceux qui ne parvenaient jamais à le rembourser. Il était attaché à une solidarité familiale surpassant toutes les lois, et à une conception de l'honneur qui autorise à bafouer toutes les règles. Il était prêt à réagir dès que l'un des siens avait des démêlés avec la justice. Or sa famille comptait de si nombreux voyous de la Brise de mer qu'il avait, là aussi, du pain sur la planche. Sa « générosité » l'amenait même à rendre service à d'autres criminels. Il avait remplacé, dans ce rôle de médiateur, l'ancien parrain Louis Memmi, détrôné par ses proches qui l'avaient assassiné en 1982 !

Antoine n'achetait pas les jurés, il les persuadait. Il ne les menaçait pas, il les amadouait. Très convaincant, il faisait appel aux réflexes ancestraux d'une solidarité insulaire face à une justice jamais acceptée dans l'île. Bien enraciné dans cette culture mafieuse, il n'a jamais dû culpabiliser de venir en aide à des tueurs, ses « qualités humaines » ne l'ayant jamais conduit jusqu'à avoir de l'empathie pour les victimes...

Aussitôt pris connaissance de la liste de citoyens tirés au sort pour l'ensemble des procès d'assises de l'année, le saint-bernard de la mafia reniflait les lieux et entamait son enquête. Il se mettait au « travail » pour le compte des malfrats, revendiquant une certaine idée de la « loyauté », selon laquelle on ne trahit pas sa famille, son clan. Quel que puisse être le crime commis, quel que puisse être le prix de cette fidélité sans faille. Le brave Antoine s'informait sur chacun des jurés potentiels, allant, benoîtement, au contact de leurs parents, amis, voisins ou élus. Cela lui permettrait d'agir avec précision et célérité lorsque les jurés titulaires seraient enfin choisis. Son approche, basée sur le relationnel et l'affectif, était très fonctionnelle. Des avocats bastiais lui doivent une réputation, usurpée, d'« acquittator ».

Antoine n'est plus là. Mais son rôle lui a survécu.

Cet exemple, pris parmi tant d'autres, l'illustre : la justice est dépassée par la capacité d'intimidation de la mafia. C'est là l'une des motivations de notre engagement citoyen au sein de Maffia Nò A

Vita Iè. Dès la création de notre collectif, en 2019, nous avons mis en avant la priorité de « demander au gouvernement d'inclure dans le Code pénal le délit d'association mafieuse et d'étudier les dispositions qui lui apparaîtront les plus efficaces pour mettre les jurés et leurs familles à l'abri des pressions dans les procès de mafieux ».

On pourrait dresser une longue liste de procès où de malheureux citoyens n'ont pu résister aux intimidations. Voici quelques exemples tirés d'enquêtes journalistiques ou de témoignages directs…

Dans l'ouvrage *Juges en Corse*[1] de Jean-Michel Verne, des magistrats relatent des menaces sur les jurés d'assises. Jacques Dallest, procureur d'Ajaccio de 1996 à 2001, constate « des problèmes récurrents de jurés absents, de jurés touchés » et en conclut que « plusieurs acquittements, prononcés par les cours d'assises de Bastia et d'Ajaccio, apparaissent clairement suspects au vu de la solidité des dossiers ». Patrice Camberou, juge d'instruction au tribunal d'Ajaccio en 1999 au moment de « l'affaire des paillotes » qui a valu au préfet Bernard Bonnet d'être condamné en 2003 à trois ans de prison, témoigne également des pressions pratiquées lors d'un procès : « Je surprends un jour un conciliabule entre deux jurés au moment du délibéré. L'un tente clairement de

1. *Op. cit.*

corrompre l'autre. Le corrupteur sera poursuivi et condamné. » Enfin une condamnation ! Toutefois, le magistrat s'interroge, à bon escient, « mais combien d'autres nous ont échappé ? »

En fait, il n'existe pas d'exemple de condamnations de groupes mafieux par des jurés d'assises dans l'île, malgré de lourdes charges et de sévères réquisitions d'un parquet général impuissant. Souvent, la seule présence des voyous à l'audience est suffisante. Ce fut le cas à Dijon en 1985 lors d'un procès aux assises de la Côte-d'Or de trois membres de la Brise de mer. Nous avions déjà souligné l'acquittement général dévastateur. Trente ans plus tard, même scénario, à Aix-en-Provence cette fois, pour d'autres malfrats. C'est ce qu'auraient révélé les écoutes réalisées lors de l'incarcération aux Baumettes, en 2015, de Jean-Luc Germani. Il expliquait à Guy Orsoni, qui venait d'être acquitté par la cour d'assises d'Aix-en-Provence pour des assassinats, qu'il y aurait eu « une grosse touche » parmi les membres du jury.

La stratégie d'intimidation est toujours d'actualité, comme le démontre la découverte, en janvier 2023, du listing des jurés de la cour d'assises d'Ajaccio dans le portable d'un membre présumé du Petit Bar. Le 31 mars 2021, cinq hommes avaient été acquittés par cette même cour pour l'assassinat de Jean-Michel German, un mécanicien de 35 ans mortellement atteint de plusieurs tirs de fusil de chasse et de revolver en septembre 2016. Le parquet avait pourtant requis de quatre à vingt-cinq ans de prison. Une enquête préliminaire a, par la suite, été ouverte courant 2022 pour « pressions ou menaces envers les membres d'une juridiction ».

Pour illustrer la nécessité de ne plus exposer d'infortunés citoyens tirés au sort, j'ai recueilli de nombreux témoignages, dont celui sur le débauchage des jurés bastiais que j'ai révélé en préambule. Mais c'est loin d'être une fragilité propre à l'île. En ce sens, la récente déclaration du garde des Sceaux, Éric Dupond-Moretti, est regrettable. Lors de la présentation, le 12 mars 2023, de sa circulaire pénale pour la Corse pour écarter le choix d'une juridiction spéciale, il a affirmé que la solution résidait dans la « délocalisation d'un certain nombre d'affaires ». Comme si les gangsters ne prenaient pas l'avion et ne savaient intimider que les Corses…

Rappelons que des acquittements, tout aussi scandaleux, ont eu lieu loin de nos côtes. Seule la méthode change. Là, encore, je bénéficie de témoignages directs, y compris d'anciens truands. Comme pour ces menaces exercées sur des citoyens siégeant à la cour d'assises de Nice. Des membres de la Brise avaient été interpellés sur la promenade des Anglais. Le dossier d'accusation était bien ficelé avec des traces d'ADN sur des explosifs appartenant au gang, découverts dans un dépôt de la région. Les malfrats furent pourtant tous acquittés. Trois hommes s'étaient présentés à la porte du domicile de plusieurs jurés avec un argument de taille : « Voilà, dans ma main droite j'ai 10 millions de francs, dans ma gauche : une balle !… » Tous choisirent la main droite.

La bande avait aussi obtenu l'annulation d'une procédure pour vice de forme dans un dossier, il y a une vingtaine d'années. Sachant un greffier en phase terminale de sa maladie, ils lui ont proposé une forte somme pour que ses « enfants ne manquent de rien ». Des pièces disparaîtront, provoquant une opportune nullité de la procédure.

Les tergiversations du pouvoir régalien sont d'autant plus regrettables que le Code pénal avait été modifié, en 1992, pour mieux combattre le trafic de drogue : la Cour d'assises spéciale, créée en 1986, est désormais compétente « afin d'éviter toute prise aux pressions d'une organisation sur les personnes chargées du jugement[1] ».

En 2000, un rapport du Sénat sur « la politique de sécurité menée en Corse » relevait « que 20 % des individus inscrits au fichier national du grand banditisme se trouvent ou sont originaires de l'île de Beauté ! », alors que « la population insulaire représente à peine plus de 0,5 % de la

1. Rapport n° 457, 1985-1986 de la commission des Lois.

population française». Toujours en 2000, le procureur Bernard Legras soulignait que «le taux d'acquittement est en Corse cinq fois supérieur à la moyenne nationale (27,6 % contre 5,23 %)».

Si ces proportions s'appliquaient dans une autre région, l'Île-de-France au hasard..., ne s'en serait-on pas alarmé en haut lieu ? N'y aurait-il pas eu une interrogation sur les mesures à prendre pour contrecarrer cette tendance ? *A fortiori* et pour prolonger ma réflexion, si un rapport de la police judiciaire avait indiqué que plus d'un millier de bandes criminelles règnent en maître sur l'Hexagone, le gouvernement n'aurait-il pas sollicité le législateur afin d'adopter de nouvelles dispositions pour contrer cet inquiétant phénomène ? On peut légitimement penser que des mesures exceptionnelles auraient été mises en œuvre pour faire face et protéger les citoyens. La situation criminelle en Corse l'exige, mais, et c'est tout le drame de notre île, les outils judiciaires actuels restent inadaptés.

L'emprise mafieuse ne concerne pas que notre territoire. Le trafic de stupéfiants génère une nouvelle criminalité, plus jeune, plus prégnante et souvent plus désinhibée que celle de leurs aînés. Des gangs très organisés sévissent à Marseille, dans des banlieues autour de Lyon et de Paris, et dans un nombre croissant de villes moyennes. Ils imposent leur domination, armes à la main, en exerçant parfois des menaces sur les autorités locales, élus ou personnels administratifs. C'est triste à dire, mais c'est un espoir pour la Corse… car il y a fort à parier qu'il y aura une actualisation pénale pour faire face à cette dérive généralisée.

En 2021, l'exemple de Canteleu, commune de Seine-Maritime située à proximité de Rouen, est révélateur. Des élus, au premier rang desquels la maire et le premier adjoint de cette ville de 15 000 habitants, étaient suspectés d'être sous emprise d'une bande de malfrats originaires du Maroc, basée en région parisienne, qui contrôlait le trafic de stupéfiants sur ce territoire.

Face à une réalité mafieuse aussi influente, invoquer l'esprit démocratique de la Révolution française de 1789 pour justifier le maintien du jury populaire devient affligeant. La référence historique est, au demeurant, très discutable… Un affrontement entre un Robespierre considérant que tout citoyen peut être juré et un Sieyès souhaitant qu'ils soient tous des « hommes de loi » a abouti à une situation intermédiaire, mais pas aussi démocratique qu'on le prétend puisque les jurés devaient payer le « cens », c'est-à-dire qu'ils étaient des nantis, ce qui écartait une grande partie du tiers état. Et cela durera jusqu'à 1848 et l'établissement du suffrage prétendument universel, car excluant la moitié de la population… Les femmes ne pourront être électrices, et donc jurés, qu'à partir de 1945. L'évolution démocratique du juré est néanmoins incontestable, au rythme des mutations historiques. Mais on est loin de la référence mythique, ce n'est qu'une adaptation pénale à un contexte.

Or il n'en demeure pas moins que les jurés, qui n'ont, par définition, aucune formation juridique ni expérience des dossiers criminels, sont démunis pour appréhender des affaires souvent complexes, avec la transcription de centaines d'heures d'écoute, et constituent des proies faciles pour les avocats de la défense. Ces ténors du barreau, payés à prix d'or, habiles et compétents, ont sur eux un ascendant intellectuel et psychologique considérable. Et puis n'oublions pas, au moment du délibéré, la crainte éprouvée par des jurés « touchés » en amont par la famille ou les amis du prévenu…

De surcroît, dans cette microsociété insulaire où il n'existe aucun anonymat, il est difficile, pour un simple citoyen tiré au sort sur les listes électorales, de participer sereinement au verdict de condamnation d'un membre d'une bande criminelle. Il peut, à juste raison, redouter des mesures de rétorsion, contre lui et ses proches, même dans le cas exceptionnel où des menaces n'ont pas été proférées, d'autant que le secret des délibérés, en Corse plus qu'ailleurs, n'est pas respecté. Le juré est confronté au dilemme suivant : servir la justice, sans en retirer aucun avantage ni reconnaissance, en abandonnant à jamais sa tranquillité, ou se protéger en faisant preuve d'indulgence envers l'accusé. Le choix est vite fait pour la plupart d'entre eux, et personne ne peut les en blâmer. C'est l'institution qui est inadaptée, en ce qu'elle exige de simples citoyens qu'ils rendent la justice au prix d'un sacrifice personnel et familial disproportionné.

La Cour d'assises, dans sa configuration actuelle, est devenue la meilleure garante de l'impunité des mafieux. Raison pour laquelle certaines institutions, comme la juridiction interrégionale spécialisée (JIRS) de Marseille, privilégient la poursuite des délits périphériques aux actions criminelles, en particulier le blanchiment, dans l'espoir de parvenir plus facilement à des condamnations devant les tribunaux correctionnels composés de juges professionnels.

Le 1er janvier 2023 ont été créées les cours criminelles départementales, composées de magistrats professionnels. Elles sont compétentes, en première instance, pour tous les crimes passibles de quinze à vingt ans de réclusion, à savoir, pour l'essentiel, des crimes d'ordre sexuel. On va ainsi maintenir un jury populaire uniquement pour les crimes de sang et donc notamment les assassinats impliquant des sicaires mafieux. Or c'est pour ces dossiers-là qu'il aurait fallu agir, afin de ne pas exposer les jurés.

Une autre technique s'avère d'une grande efficacité en Italie : la confiscation préventive sans condamnation pénale. Elle frappe à la racine ces organisations, de façon plus douloureuse que la prison, car leur seule raison d'être des gangsters est l'accumulation de richesses. La procédure de confiscation préventive vise des personnes fortement suspectées d'appartenance à une association de type mafieux sur la base d'indices objectifs : condamnations passées, fréquentation de repris de justice, absence d'un travail stable justifiant le niveau de vie, enrichissement rapide, etc.

Une fois de plus les défenseurs du *statu quo* sont face à une terrible contradiction. Peut-on accepter que l'administration fiscale puisse saisir des biens, y compris la maison d'un citoyen qui n'arrive pas à payer ses impôts, sans qu'il y ait eu de sanction pénale, alors que des mafieux pourront se repaître de leur fortune acquise par la terreur durant de longues années de procédures qui, souvent, n'aboutissent qu'à des annulations pour vice de forme ?

L’instauration d’un délit mafieux

S’il est un seul hommage que l’on puisse rendre aux mafieux, c’est qu’ils sont de fins stratèges. Le fait de s’organiser en bande en était déjà une preuve. Ils ont aussi intégré la maxime d’un grand champion d’échecs allemand du XXe siècle, Siegbert Tarrasch, selon laquelle « la menace est plus forte que l’exécution ». Cela pourrait être la devise de la mafia moderne. Mais je préfère que cela demeure un conseil pédagogique pour de jeunes débutants pour éviter toute précipitation dans leur conduite d’une partie.

Les Italiens, pour relever le terrible défi des années 1980 qui connurent des milliers d’assassinats et l’emprise sur des pans entiers de l’économie, en ont tiré les conséquences pénales. Ils ont créé le délit d’association mafieuse, qui s’applique également à tous les complices. L’association est définie comme celle dont les membres « se prévalent de la force d’intimidation du lien associatif et de la condition d’assujettissement et d’omerta qui en découle, pour commettre des délits, pour acquérir directement ou indirectement la gestion ou en tout cas le contrôle d'activités économiques, de concessions, d'autorisations, des marchés et des services publics, ou pour réaliser des profits ou des avantages injustes pour eux ou pour autrui, ou bien afin d'empêcher ou de faire obstacle au libre exercice du vote ou de se procurer des votes à eux-mêmes ou d'en procurer à autrui à l'occasion des consultations électorales ».

Ce délit se distingue du délit d'association de malfaiteurs que connaît le droit français, strictement limité au fait de constituer un groupement « en vue de la préparation, caractérisée par un ou plusieurs faits matériels, d'un ou plusieurs crimes ou d'un ou plusieurs délits punis d'au moins cinq ans d'emprisonnement ». Le délit d'association mafieuse permet, pour sa part, de poursuivre des personnes qui agissent pour le compte d'une organisation criminelle sans même qu'elles participent à la commission de crimes ou de délits.

La puissance régalienne pourrait, de la sorte, s'attaquer aux bandes qui exercent une telle emprise et suscitent une telle crainte sur un territoire donné qu'elles n'ont plus besoin de se livrer à des actions violentes pour obtenir des marchés publics, prendre le contrôle d'entreprises, voire influer sur des scrutins. Ce qui est malheureusement souvent le cas, comme le révèlent les scores, exceptionnellement élevés, obtenus par des candidats soutenus par les voyous dans quelques zones rurales insulaires.

Dans certaines écoutes téléphoniques, dont la presse s'est fait l'écho, Jacques Santoni, membre du Petit Bar, avait lui-même théorisé « la force d'intimidation induisant l'assujettissement d'une société ». Il fallait, pour asseoir l'emprise de la bande sur la région ajaccienne – principale zone d'exactions de la bande –, que celle-ci frappe « très fort au moins quatre fois ». S'ensuivirent, entre autres, l'assassinat d'un ancien bâtonnier, Antoine Sollacaro, le 16 octobre 2012 et celui d'un président de la chambre de commerce et d'industrie, Jacques Nacer, le 14 novembre 2012. Actes suffisamment glaçants pour assurer durablement à la bande le contrôle sur les élus, les institutions et le tissu économique, plus personne n'osant s'opposer à leurs activités.

Selon certains articles, des commerces prisés du centre-ville d'Ajaccio ont été rachetés à la barre du tribunal de commerce, lors d'audiences auxquelles assistaient les principaux membres du Petit Bar. Leur simple présence silencieuse garantissait que le commerce serait attribué au candidat adoubé par la bande. Ainsi, comme l'a relaté le journal *Le Monde* en octobre 2020, l'un des plus vieux établissements ajacciens installé sur le cours Napoléon, en face de la préfecture, se déclare en faillite à l'été 2019. Eu égard à la réputation et à l'emplacement dont jouit cet établissement, la bataille pour sa reprise aurait dû faire l'objet d'une rude concurrence entre candidats au rachat. À la surprise générale, un seul repreneur se fait connaître, un restaurateur soupçonné d'être proche du Petit Bar, qui propose une somme tellement dérisoire que le procureur de la République requiert auprès du tribunal de commerce qu'elle soit réexaminée à la hausse. Ce qui fut fait. L'affaire a finalement été conclue malgré les interrogations, hélas non étayées, qui pesaient sur le repreneur et ses liens supposés avec l'équipe mafieuse. Il est incontestable que les plus influentes bandes criminelles qui sévissent en Corse répondent à la définition d'« association de type mafieux » au regard du droit italien.

Pour mesurer l'impact sur la société insulaire de la toile d'araignée mafieuse, rien de tel que d'entendre nos *capi mafiosi* en parler. Ange-Toussaint Federici, alias Santu, parrain du clan homonyme dit des bergers de Venzolasca, purge une peine de trente ans de réclusion criminelle pour un triple assassinat survenu en avril 2006 dans le bar des Marronniers à Marseille. De sa prison, il continue de gérer ses affaires. De septembre 2015 à juillet 2017, ses conversations au parloir ont été interceptées par les enquêteurs de la police judiciaire. Elles constituent la source essentielle du rapport adressé par le commissaire Christian Sivy à Guillaume Cotelle, vice-président de l'instruction de la JIRS de Marseille en date du 21 juillet 2017.

On y découvre l'implication d'élus intervenant pour que leurs entreprises aient des marchés, mais aussi que des fonctionnaires agissent pour protéger ou développer les intérêts économiques des truands, que plusieurs gérants sont sous leur coupe, ayant bénéficié de leur manne financière pour démarrer ou sauver leur activité. On y découvre aussi leur capacité d'intimidation pour dissuader d'éventuels concurrents. Malgré sa détention, Ange-Toussaint Federici reste l'un des plus puissants chefs d'entreprise insulaires ! Nul doute que de tels éléments auraient conduit à de nombreuses mises en examen s'il y avait un dispositif pénal du type italien…

Même constat avec la sonorisation de la cellule de Jean-Luc Germani, évoquée précédemment. Ses discussions avec Guy Orsoni sont très instructives sur la technique de pénétration de la société insulaire. Des moments clés de ces centaines d'heures d'écoutes ont été publiés dans l'ouvrage *Vendetta*[1], de Violette Lazar et Marion Galland. Leur analyse est, comme leur ouvrage, fort pertinente : « Germani lorgne également l'argent public et compte sur ses appuis politiques pour obtenir des marchés. Il connaît toutes les subtilités : qui sont les décideurs, qui sont ses concurrents (il aurait la mainmise sur des boîtes de BTP),

1. Plon, 2020.

quels sont les noms des participants aux réunions importantes. »

Nous avons de nombreux témoignages d'acteurs économiques importants qui parlent, *sotto voce*, à des membres de notre collectif. Ces chefs d'entreprise, bien plus nombreux qu'on ne l'imagine, sont tétanisés par la pègre. La plupart admettent la pression ; d'autres fuient certains appels d'offres dès lors que des noms apparaissent. Ils ne sont pas plus à blâmer que les jurés. À l'exception de ceux qui, en difficulté financière ou par ambition, ont pris l'initiative de contacter des voyous pour remporter certains marchés. En particulier dans le secteur des déchets où, on l'a évoqué, des entrepreneurs s'affrontent par gangsters interposés, ou inversement.

Cette législation italienne ciblant spécifiquement les pratiques mafieuses compromet-elle des droits fondamentaux ? Ceux qui s'opposent à l'introduction de ce délit dans le droit français s'inquiètent de ce que toute personne en contact avec les membres d'une bande criminelle pourrait potentiellement être poursuivie, ce qui, dans une société de proximité comme la nôtre, pourrait conduire à l'arbitraire.

Ces craintes semblent très largement fantasmatiques. La caractérisation des éléments constitutifs du délit obéit à des critères objectifs qui ont été précisés par la Cour de cassation italienne afin de tracer une ligne claire entre ceux qui sont ponctuellement au contact d'un gang et ceux qui y participent activement. Ainsi, le participant à l'association mafieuse est défini comme celui qui adhère à cette dernière « de façon stable, et effective, en accomplissant des faits symptomatiques de son rôle fonctionnel à l'intérieur de l'association ». La jurisprudence italienne impose en outre un standard de preuve élevé pour admettre tant l'existence d'une association de type mafieux que la participation d'un individu à cette association. Cette preuve passe souvent par des écoutes téléphoniques et le témoignage de repentis.

Les repentis… Il y en a eu quelques-uns dans l'histoire judiciaire corse, dont le plus célèbre est Claude Chossat. Lieutenant du capo mafioso Francis Mariani, il a porté un coup très dur à la Brise de mer par ses aveux en décembre 2009. De nombreux assassinats ont pu ainsi être élucidés. Il a détaillé l'organisation de la bande et ses complicités politiques et économiques. Toutes proportions gardées, ces informations rappellent celles du célèbre repenti sicilien Tommaso Buscetta qui avaient provoqué l'arrestation de centaines de mafiosi. À la différence que Chossat ne sera pas traité comme un repenti. Le dispositif de la « loi Perben II » ne sera appliqué que dix ans plus tard. Mais de toute façon, en 2009, ses aveux ne pouvaient lui permettre de bénéficier du statut de collaborateur de justice, car en sont exclues les personnes ayant participé à la commission d'un crime.

Écartant, de fait, les individus les plus actifs et les plus dangereux des bandes criminelles, l'efficacité du dispositif est considérablement limitée. Or ce sont précisément les participants aux assassinats qui détiennent les informations les plus utiles et les plus précises sur le fonctionnement des bandes criminelles, leurs membres et leurs objectifs ! Le président de la Commission nationale de protection et de réinsertion des repentis pendant six ans, Bruno Sturlèse, a lancé un cri d'alarme après avoir quitté ses fonctions en février 2023 : « Il faut admettre plus largement l'éligibilité au statut. Y compris lorsque vous avez du sang sur les mains. Il faut être pragmatique : si vous permettez d'éviter d'autres assassinats ou du racket en donnant des informations capitales sur le fonctionnement d'une organisation criminelle et des personnes impliquées dans ces crimes, il n'y a pas de raisons de ne pas prendre en compte la parole d'un individu condamné pour un crime de sang. » Il est utile de souligner que, dans le droit italien, les individus bénéficiant d'un statut de collaborateur de justice ne sont pas pour autant exemptés de peine : celle-ci est réduite à proportion de l'aide apportée.

Mais, et c'est peut-être l'aspect le plus spectaculaire, cela va beaucoup plus loin encore dans l'efficacité du combat contre la mafia. En Italie, la simple existence d'un dispositif élargi de collaborateurs de justice prouve qu'il déstabilise les bandes criminelles dans leurs activités, dès lors que celles-ci pourraient craindre d'être trahies, à tout moment, par l'un de leurs membres, y compris les plus importants. C'est une méthode remarquable pour retourner l'arme de la « menace plus forte que l'exécution » contre ceux qui l'utilisent depuis des lustres pour asservir des citoyens !

Triste constat : dans sa circulaire pénale pour la Corse de 2023, le garde des Sceaux n'envisage aucun des moyens que je viens de présenter. Pourtant, à la lecture de toutes les enquêtes menées contre le milieu insulaire, on se rend compte de la totale inefficacité des dispositifs actuels, sinon nous n'en serions pas là… Mais pourquoi une telle cécité ?

Je me souviens d'une réunion de notre collectif avec le préfet de Corse Franck Robine, courant 2021. Nous évoquions l'impunité dont bénéficient les mafieux en général, et leurs véritables chefs en particulier. Il nous avait répondu avec une sincérité troublante : « Vous savez, je crains qu'il ne faille encore beaucoup de nouveaux préfets pour qu'on parvienne à remonter jusqu'à eux. » Ce fatalisme caractérise l'attitude de la plupart des représentants de l'État, mais pas qu'eux…

Sortir enfin de l'impasse

Dès sa création, notre association s'est adressée aux responsables régaliens pour que la loi s'adapte face aux moyens mafieux, en particulier grâce aux améliorations pénales que nous venons de détailler. Conjointement, nous avions interpellé les élus corses pour qu'ils balaient devant leur porte. Tout au long de l'histoire, bon nombre d'édiles, particulièrement ceux des communes les plus importantes, se sont tus ou ont relativisé les pressions et les dépendances à la voyoucratie. Des représentants du peuple, affichant une adhésion à des idéaux progressistes, les ont pourtant délaissés pour sombrer dans une complicité criminelle. La belle devise républicaine a été dévoyée en « Servilité, inégalité, rivalité »…

Avec l'aplomb des escrocs, quelques élus ont vanté leur prétendu sens des valeurs républicaines pour s'accrocher au pouvoir et faire bénéficier leur clientèle de passe-droits, assujettissant des électeurs à vie. Ces roitelets avaient besoin d'affidés, non de citoyens, mais aussi d'une sécurité, la plupart du temps garantie par des voyous.

Ces écarts éthiques en faisaient également des fraudeurs. Aucune limite morale ne les faisait reculer pour s'agripper à des trônes qu'ils réservaient, le plus souvent, à leurs héritiers. Ce système monarchique a dominé la Corse des siècles durant. C'était, déjà, une forme de mafia. Parler, aujourd'hui, de « dérive mafieuse » n'est donc que pure recherche d'un consensus sémantique, la mécanique étant bien rodée depuis belle lurette. Une longue tradition antidémocratique explique que, malheureusement, la Corse soit championne de France de la corruption, nombre d'électeurs n'hésitant pas à magouiller, encouragés par le mauvais exemple venu d'en haut.

Certes, ce n'est pas un apanage insulaire, mais, chez nous, les proportions sont incomparables. Selon une étude statistique publiée en 2022, « les atteintes à la probité enregistrées par la police et la gendarmerie » seraient six fois plus élevées qu'ailleurs ! Ces atteintes regroupent les infractions de corruption, de trafic d'influence, de prise illégale d'intérêts, de détournement de fonds publics, de favoritisme et de concussion. Bref, tout ce à quoi nous a habitués le modèle claniste.

Alors, peut-on garder l'espoir de rompre avec une routine si pénalisante qui condamne la Corse à la dépendance et à une certaine médiocrité ? J'y crois !

Constatons, avec plaisir, qu'il y a une volonté de rupture culturelle. Cependant, une part toujours trop importante de notables traîne les pieds. Ils estiment que la Corse ne se débarrassera jamais de cette emprise et qu'il faut s'en accommoder. L'apport d'une jeunesse contestatrice, mais à visage découvert et sans violence, donnerait plus de poids pour exiger de l'État qu'il assume, enfin, son rôle régalien, sans minimiser les enjeux et sans faire de la tactique politicienne.

Nous avons secoué le cocotier. La récente prise de parole citoyenne a produit ses effets. Nous ne sommes pas naïfs : c'est un combat de longue haleine, tant de mauvaises habitudes ayant été prises. Mais il est engagé. Depuis la création de Maffia Nò A Vita Iè, nous avons été encouragés par l'intérêt que suscitent nos interventions. Lors de nos réunions publiques, ou virtuelles, nous n'avons jamais observé une personne quittant la salle. Au contraire, nous avons dû parfois interrompre les discussions en raison de l'heure tardive. Passionnés par une réflexion collective, nous n'hésitons pas à briser les tabous. Il ne s'agit pas que d'échanges d'idées, mais de fusion d'esprits si souvent engourdis par l'accoutumance ou le déni. Cette thérapie de groupe nous fait, à tous, le plus grand bien.

Et, parfois, le miracle se produit : une victime s'exprime. Avec pudeur et émotion, elle nous raconte la misère de la perte d'un mari ou d'un frère, ou elle se désole de l'indifférence pour une vie massacrée. Ce contraste entre la douleur d'une famille et le silence officiel est insupportable. Comme le sont les lectures de certains ouvrages. Ainsi celui de la journaliste Marie-Françoise Stefani, *Une famille dans la mafia*[1], qui raconte les blessures charnelles et la douleur de la veuve et de la fille d'Yves Manunta, assassiné en 2011.

Le soutien aux victimes est dans notre ADN et nous avons créé une commission idoine. Nous ne sommes ni juges, ni policiers, ni miliciens. Notre but est de soulager, par l'écoute, les victimes de violences mafieuses, le plus souvent rackettées, en leur conseillant, systématiquement, de porter plainte. Celles qui ont suivi nos recommandations ne l'ont pas regretté, la peur ayant changé de camp. Les racketteurs misent sur l'isolement et l'effroi, ce sont des hyènes qui redoutent la résistance de leurs proies. Mais plus facile à écrire qu'à assumer. Surtout si l'on se retrouve, seuls, face à de puissants charognards.

C'est le sort de centaines de veuves ou d'orphelins. Beaucoup ont fui la Corse. Par crainte de représailles ou parce qu'elles étouffaient dans l'île. Je citerai le témoignage, poignant, de la sœur d'une victime de la mafia. Elle m'a écrit pour m'informer de son départ afin de « cicatriser (son) cœur meurtri et, enfin, être au moins en paix ». Elle a décrit, avec des mots puissants, son environnement : « La situation est lourde chez nous,

1. Plon, 2020.

très lourde, des intimidations, des pressions, rien de direct, tout dans la lâcheté et la manipulation de pauvres gens inféodés par le pouvoir de l'argent et de l'emprise vampirique de personnes néfastes. » Et, avant de nous encourager pour un combat qu'elle soutenait avant la mort de son frère, elle se livre à un constat qui rejoint tant de nos préoccupations : « Notre belle Corse se vide de son essentiel pour ne devenir qu'un Luna Park géant. Qui ne dit mot consent, donc lobotomie assurée pour une population. Oui l'omerta tue, sous toutes formes, écrase les familles, fragilise les liens sociaux. » Bouleversant et si précis…

Parfois des familles s'organisent, tout dépend des contextes. Ainsi, le 28 janvier 2020, un jeune commerçant cortenais, Barthélemy Casanova, est assassiné à 39 ans. Un de ses oncles me contacte. Je rencontre les parents de la victime et nous décidons, à la demande de la mère, la courageuse et déterminée Michaëla Sindali, d'organiser une marche blanche. Le 8 février des milliers de personnes défilent, à Corte, derrière la banderole « *Per a vita* » (« Pour la vie »). En octobre 2022, trois individus suspectés d'être les auteurs de ce crime ont été mis en examen et écroués.

J'ai également été approché par d'autres familles de victimes. Je tairai les noms car les situations sont très complexes et nous ne pouvons intervenir qu'en symbiose avec tous les proches. Par respect, nous n'avons pas insisté, même si nous savons que les dossiers n'évoluent, souvent, que grâce à des rapports de force médiatiques. Les familles des assassinés n'ont jamais pu faire leur deuil. Comme tant d'autres, elles souffrent de l'impunité.

Briser le silence s'avère pourtant efficace. En juin 2022, le jeune gérant de deux entreprises familiales situées à Prunelli-di-Fiumorbo, sur la Plaine orientale, me téléphone. Christophe Paolacci subissait une tentative de racket de 100 000 euros et était menacé lors d'appels téléphoniques. Il m'a demandé mon avis. Je n'ai fait que conforter sa famille dans une volonté d'expression publique. Cela s'avérera exemplaire : l'affaire fit grand bruit. Quelques jours plus tard, le malfrat fut arrêté.

En mars 2023, j'ai également été sensible à la démarche de la mère d'un condamné pour des raisons « collatérales ». Avec franchise, elle tenait à m'indiquer que son fils « n'[était] pas un voyou, qu'il avait voulu rendre service » et que « les juges souhaitaient vous faire plaisir (*sic*), particulièrement à vous, Monsieur Battesti, en prononçant de lourdes peines ». Il est toujours délicat de se positionner face à une démarche forcément affective. Mais je lui ai précisé que « nous ne sommes ni des juges ni des justiciers et nous n'intervenons jamais dans des dossiers, nous en remettant à l'État de droit ». Il est vrai que, faute de gros poissons dans leurs filets, les magistrats pourraient avoir tendance à aggraver les condamnations de complices techniques. Mais en l'espèce, vu le jugement prononcé, un simple sursis et une amende, les craintes de cette mère semblent infondées.

Croyez-moi, je me serais passé d'être lanceur d'alerte, sachant que, forcément, nous ne plairions pas à tout le monde. Cette activité m'a même contraint à reculer l'âge de ma retraite bien au-delà des 64 ans. Ce qui ne m'empêche pas de cultiver quelques plants de tomates, même si je suis plus souvent sur Zoom que dans mon jardin. Je ne pense pas me taire un jour, sauf lorsque je ne maîtriserai plus ma destinée. Le combat citoyen me paraît fondamental. Et même si l'athée que je suis, impressionné et fasciné par la physique quantique, n'est pas loin de penser que nous sommes des amas de particules fonctionnant dans une gigantesque simulation, je soutiens qu'il faut être utile et constructif. Quelle que soit la nature de notre existence, lui donner un sens me paraît nécessaire.

Croire en nous est indispensable. Nous-mêmes, militants associatifs, sommes assaillis par le doute, parfois découragés par le laxisme de l'État et les désillusions politiques. Toutefois, nous sommes tombés si bas que chaque progrès est remarquable. Une liberté de ton et d'action fait ensuite toute la différence en nous rendant audibles.

Semer les graines de l'empathie et de la solidarité m'apparaît prioritaire. Les stratégies binaires, basées sur les rapports de force haineux et le mépris, ont constamment engendré des totalitarismes. La loi de la jungle a généré diverses déclinaisons du système mafieux. Je suis admiratif devant toutes les voix qui prêchent la non-violence comme moyen d'accéder à plus d'harmonie sociale. J'adhère intégralement à cette approche, qu'elle soit religieuse ou athée. Mais il serait temps de l'assumer, sans vergogne et sans concession.

Dans le bouleversement civilisationnel que nous traversons, marqué par l'irruption de l'ère numérique et informationnelle, il faut porter de nouvelles réponses. Or les institutions sont fragilisées dans une France qui n'a pas fondamentalement évolué depuis des siècles, toujours basée sur une conception vieillotte du pouvoir personnel. Plusieurs pays ont déjà choisi la voie de la modernité en renforçant l'apport, dosé, des nouvelles technologies. Il faut l'emprunter.

Je me suis efforcé de vous faire part de mes propres expériences de vie pour plaider une approche non violente dans les indispensables combats pour améliorer les conditions d'existence.

Pour conclure par une note résolument optimiste, revenons à l'une de mes passions : les échecs.

Je vous ai déjà raconté quelques anecdotes sur ma formation échiquéenne en milieu carcéral. Pour moi, le développement de ce sport dans l'île avait un objectif hautement politique : construire une forme d'école de la citoyenneté. Ce jeu multiséculaire a toujours été le symbole de l'intelligence stratégique. Mais ses vertus socio-éducatives sont, à mon sens, les plus remarquables. Comme d'autres sports, bien sûr, mais avec un rapport qualité-prix et un atout intergénérationnel incomparables. Respecter les règles et autrui, réfléchir avant d'agir, être responsable de ses choix, arrêter de zapper d'écran en écran pour manipuler des pièces en bois et le tout en s'amusant, quoi de plus éducatif ? Communier avec un partenaire, quels que soient son âge, son sexe ou ses origines, et pouvoir le faire en particulier en famille, quoi de plus enrichissant ?

En 1997, il existait deux clubs, à Bastia et Ajaccio, et une centaine d'adhérents. Aujourd'hui, plus de cinquante mille jeunes Corses connaissent le langage échiquéen et la Ligue corse est forte de milliers de licenciés. Toutes les grandes stars ont participé aux tournois prestigieux organisés dans l'île : les champions du monde Garry Kasparov, Anatoly Karpov, Boris Spassky, Magnus Carlsen, Vishy Anand. Sans oublier la Hongroise Judit Polgár, meilleure joueuse de tous les temps, qui a inspiré la série à succès sur Netflix *Le Jeu de la dame*.

Les raisons d'un tel succès ? J'ai regardé ce sport avec les yeux d'un enfant, n'hésitant pas à remettre en cause des conceptions archaïques et élitistes. En aérant la pratique, en l'ouvrant au plus grand nombre, principalement grâce à l'enseignement dans le temps scolaire en synergie avec les clubs, nous avons construit une pyramide. Sa base est devenue de plus en plus large et le sommet, mécaniquement, de plus en plus élevé. Désormais, notre système produit des champions endémiques. En 2021, Le Bastiais Marc'Andria Maurizzi devient le plus jeune grand maître international de l'histoire échiquéenne française. Il avait 14 ans. Nous avons obtenu une vingtaine de titres de champion de France jeunes et par équipes (collèges et lycées) et nos résultats d'ensemble nous situent au niveau de régions fortes de millions d'habitants.

Partir sur des bases saines et démocratiques, s'en tenir à une stratégie de développement en privilégiant la formation nous ont permis de créer une véritable économie échiquéenne. Sous ma présidence, de 1998 à 2020, nous avons eu jusqu'à vingt formateurs salariés en CDI, et malgré la crise du Covid, il y en a toujours une quinzaine actuellement. Chaque année, des milliers d'enfants apprennent à maîtriser la langue échiquéenne. Plus de cinq cents entreprises et toutes les institutions insulaires ont soutenu notre action. Le partenariat avec l'Éducation nationale est exemplaire. Les professeurs d'école adhèrent au projet et nous ne sommes pas en mesure de satisfaire toutes les demandes.

Notre renommée est internationale. J'ai été invité à parler de notre système en Chine, en Inde, au Mexique, en Russie, en Algérie, en Italie, en Écosse, en Angleterre, en Croatie, en Belgique, en Bulgarie. Mais aussi dans de nombreuses régions en France. J'ai d'ailleurs été, pendant six ans, vice-président de la Fédération française des échecs.

Si cet exemple positif est parmi les plus médiatisés dans l'île, des centaines d'autres démarches, parfois volontairement discrètes pour protéger des rapaces, sont porteuses d'espoir : dans l'agrotourisme, l'agriculture, l'élevage, la high-tech, etc. La Corse est, à mon avis, l'un des territoires au monde où les potentiels sont le moins bien exploités. Nous avons donc de quoi entreprendre.

Finalement, tout est lié à notre créativité. Toutefois, nous dépendons aussi des rapports de force politiques français. Modifier la Constitution pour tenir compte de la spécificité insulaire dans le cadre d'une autonomie interne est une procédure incontournable. Quoi qu'il en soit, même dans l'éventualité d'un *statu quo* institutionnel, une mobilisation citoyenne réelle, impliquant en particulier la jeunesse, devrait aboutir à marginaliser les cliques mafieuses et à encourager des projets structurants.

J'espère avoir sensibilisé – en particulier ceux qui ne connaissaient pas la Corse – sur l'importance du combat antimafia, sachant que, malheureusement, il nous concerne tous. La conscience citoyenne est l'unique garantie du progrès tant au niveau des avancées institutionnelles que technologiques.

Donnons l'exemple à partir de la Corse. Ce serait un si beau pied de nez à l'histoire. Démontrons que cette terre, souvent évoquée dans les moments tragiques qu'elle traverse, peut être une source d'inspiration exemplaire lorsqu'il s'agit de protéger le bien le plus précieux qui soit : la vie.

Postface

Ce livre est dédié à ma meilleure amie, Marie-France Giovannangeli. Son charisme et ses qualités humaines la firent rayonner en tant que secrétaire générale du Syndicat des travailleurs corses qu'elle porta au premier rang des syndicats insulaires. Plus tard, pétrie de la même qualité d'écoute et de fortes convictions humanistes, elle sera la femme ayant la responsabilité du plus grand nombre de salariés du privé en Corse. Troublante et émouvante coïncidence, elle s'est éteinte le matin du lundi 3 avril 2023, quelques heures après que j'ai mis le point final à ce récit. Juste après le mot « vie »…

Jusqu'à ce que la maladie la terrasse, elle m'a conseillé lorsque j'abordais les chapitres les plus délicats, comme elle le faisait toujours. En particulier lors du récit de nos années de plomb, dont nous ne nous sommes jamais remis. Elle était à mes côtés au sein du FLNC, et je n'aurais jamais envisagé la création d'un collectif antimafia sans son inébranlable renfort.

Malheureusement, la multiplication actuelle d'attentats organisés par des groupes de jeunes militants contre des maisons individuelles et des mairies trouble les esprits. Le pire est à craindre. Le dialogue avec l'État est fragilisé, d'autant que la situation politique française est, pour le moins, chaotique. Dans un tel contexte, il paraît difficile d'imaginer que le dossier corse soit prioritaire. Pourtant, rien ne pourra évoluer durablement sans une reconnaissance constitutionnelle de la réalité insulaire. Même si, il convient de l'admettre, davantage de projets auraient pu être déjà concrétisés dans le cadre actuel, et certains problèmes auraient dû trouver une issue favorable.

Alors, faut-il redouter que la prophétie de l'an mille du comte Arrigo Colonna, « *Corsica non avrai mai bene*[1] », persiste à peser sur nos vies ?

Chers lecteurs, au moment de nous quitter, je vais rester fidèle à notre pacte de confiance, en vous répondant avec franchise : je n'en sais rien ! Ce dont je suis persuadé, c'est que sans entreprendre des ruptures nous continuerons à décliner, et dans cette perspective, la « cage sans les oiseaux », souhaitée par Mussolini, n'est pas à exclure.

Il faut, pour notre part, proscrire le culte de l'arme et les comportements machistes qui vont avec, en particulier la fascination pour la cagoule

1. « Corse, tu ne connaîtras jamais le bonheur. »

ou pour le bandit. Il faut ancrer la culture citoyenne dans notre territoire et accepter, sans frilosité, la notion de communauté de destin. Ceux qui, exaspérés, à juste titre, par l'agonie d'un vieux peuple, proposent d'en découdre par la force et de rejeter l'étranger devraient tirer les enseignements de l'histoire.

Edmond Simeoni n'avait de cesse de proclamer que « la Corse fabriquait des Corses ». Ce n'est qu'en créant par notre travail et notre rigueur les conditions d'une solidarité et d'une fraternité entre tous les habitants de l'île que nous parviendrons à infirmer la prophétie de l'an mille pour nous rapprocher du bonheur collectif espéré depuis tant de décennies, voire de siècles.

J'ai eu le privilège, durant vingt années de développement d'un sport de masse, de rencontrer des milliers d'enfants : qu'ils s'appellent Lisandru ou Gwenaëlle, Yasmine ou Rodrigo, ils ont vocation à enrichir cette communauté de destin, dont nous ne parlons que du bout des lèvres. Peu d'entre eux, y compris les Corses d'origine, maîtrisent réellement la langue corse, ils connaissent encore moins son histoire, mais tous aiment passionnément cette île et souhaitent y vivre dans l'harmonie. Quel serait l'autre choix à opposer à cette communauté de destin ? Des *boat people*… ? Je préfère envisager la généralisation des écoles immersives en langue corse.

Le pouvoir régalien, quant à lui, doit s'extraire d'une posture que je qualifierai, sans détour, de méprisante quand elle n'est pas une forme de racisme, même si on m'oppose que le terme ne peut pas s'appliquer à la situation des Corses. N'est-ce point sombrer dans l'ostracisme que de considérer qu'il y a une hiérarchie à établir entre les langues et les cultures ? En quoi la Corse représenterait-elle un danger pour la France, pour l'Europe, pour la planète si l'on reconnaissait sa singularité dans les textes de loi ?

Quant aux responsables politiques de tous bords, ils doivent s'extirper des traditionnels bourbiers ou des débats sur le sexe des anges dans lesquels s'enlisent toutes les bonnes volontés. Leur mission est ingrate, délicate, périlleuse même. Mais il faut changer de braquet, ne plus saupoudrer, ne plus assister, ne plus vouloir contrôler des votes. Il faut oser aller vers plus de participation démocratique. La Corse mérite cela.

Et puis, nous tous, Corses d'origine ou d'adoption, nous devons nous remettre en cause en misant sur notre pouvoir de citoyens. Râler ne suffit pas : il faut agir. Prétendre que la France n'est qu'un obstacle me semble être une approximation stratégique. Dans un monde assumant de plus en plus la barbarie et les choix binaires, ce vieux pays est l'un des plus civilisés parmi les cent quatre-vingt-treize membres de l'ONU. Certes, à l'instar des puissances européennes, il s'est enrichi en exploitant d'autres continents, emmagasinant, au fil des siècles, des richesses qui lui permettent encore de soulager, tant bien que mal, des injustices sociales. Mais arrêtons de prétendre que parce qu'elle s'en flatte trop souvent, la France ne respecte pas mieux que la plupart des autres nations les droits de l'homme.

C'est vrai, les préjugés français nous affectent, mais donnons l'exemple en évitant d'en avoir nous-mêmes. Et puis, ne négligeons pas les sympathies dont jouit notre île. Elle représente pour beaucoup, surtout pour les habitants de régions à forte identité, un modèle à suivre dans moults domaines, en particulier dans celui de la cohésion sociale. Nos quartiers populaires ont leurs problèmes, mais le respect y est toujours présent, car l'attachement à la Corse est stabilisateur. Le contraste entre l'importance des actes de grand banditisme et une violence ordinaire moins prégnante qu'ailleurs est très révélateur. Même si la montée en puissance du trafic de drogue peut, à moyen terme, nous amener à une sinistre « normalité ».

La Corse est, elle aussi, à l'heure des choix. Dans les nouveaux rapports de force géopolitiques, la construction européenne s'avère une ardente nécessité. Les petits peuples, et singulièrement les insulaires, doivent y contribuer. Non seulement pour faire face aux empires de la Chine et de la Russie, mais aussi pour ne plus être à la traîne des États-Unis. Même si, aujourd'hui, le conflit ukrainien nous incite à établir des hiérarchies, nous devons redouter toutes les dérives populistes qui peuvent menacer les générations futures.

Le constat est là. En Corse comme ailleurs, face aux effets du dérèglement climatique, face aux enjeux de l'intelligence artificielle, face à un capitalisme débridé et de plus en plus corrupteur, au bout du compte, le plus important est l'éveil d'une conscience citoyenne, étayée par des valeurs humanistes. Dans cette perspective, s'opposer aux pratiques mafieuses doit être une priorité, car rien ne peut se construire sous le régime de la peur.

Puisse mon témoignage y contribuer.

Venaco, 26 avril 2023

Table

1
LE TEMPS DE RÉAGIR

Le déclic. 11
L'insoutenable impunité 21

2
LA MAFIA POSE SA MAIN SUR L'ÎLE

La Brise de mer 37
Porosités. 49
La complicité de l'État 55

3
MON ENGAGEMENT POUR LA CORSE

Au commencement. 65
La radicalisation 77
FLNC, l'époque romantique 85
Mes prisons… 95

4

Dérives et ruptures

Fuite en avant.......................... 107
Remise en question...................... 117
Règlement de comptes 123

5

Les liaisons dangereuses

FLNC et voyous.......................... 135
« Le ravi de la crèche » 143
Pressions sur les politiques 157

6

Le combat contre la mafia,
un combat pour la Corse

Adapter la loi pénale pour contrer la mafia . 181
L'instauration d'un délit mafieux 193
Sortir enfin de l'impasse................ 203

Postface 215

Imprimé en France par CPI
en octobre 2023

Composition réalisée par IGS-CP
à L'Isle-d'Espagnac (16)

Dépôt légal : octobre 2023
N° d'édition : 549848-0
N° d'impression : 176084